2017 职业资格考试辅导丛书

Gonglu Shuiyun Gongcheng Shiyan Jianceshi Kaoqian Chongci Moni Shiti

公路水运工程试验检测师考前冲刺模拟试题

Gonggong Jichu + Daolu Gongcheng

（公共基础+道路工程）

本书编委会　编

人民交通出版社股份有限公司
China Communications Press Co.,Ltd.

内 容 提 要

本书依据2016年版《公路水运工程试验检测专业技术人员职业资格考试大纲》及考试用书相关要求编写,主要包括3套“公共基础”科目和4套“道路工程”科目模拟试题,并附有参考答案及解析。

本书可供报考公路水运工程试验检测师“道路工程”专业科目的广大考生参考使用。

图书在版编目(CIP)数据

公路水运工程试验检测师考前冲刺模拟试题. 公共基础+道路工程 /《公路水运工程试验检测师考前冲刺模拟试题(公共基础+道路工程)》编委会编. — 北京:人民交通出版社股份有限公司, 2017.8

ISBN 978-7-114-14084-6

Ⅰ.①公… Ⅱ ①公… Ⅲ.①道路工程—试验—资格考试—习题集 ②道路工程—检测—资格考试—习题集 Ⅳ.①U41-44 ②U61-44

中国版本图书馆CIP数据核字(2017)第194723号

书　　名:公路水运工程试验检测师考前冲刺模拟试题(公共基础+道路工程)
著 作 者:本书编委会
责任编辑:尤　伟
出版发行:人民交通出版社股份有限公司
地　　址:(100011)北京市朝阳区安定门外外馆斜街3号
网　　址:http://www.ccpress.com.cn
销售电话:(010)59757973
总 经 销:人民交通出版社股份有限公司发行部
经　　销:各地新华书店
印　　刷:北京市密东印刷有限公司
开　　本:787×1092　1/16
印　　张:9.5
字　　数:195千
版　　次:2017年8月　第1版
印　　次:2017年8月　第1次印刷
书　　号:ISBN 978-7-114-14084-6
定　　价:42.00元

前　言

随着我国交通建设事业的快速发展，为了加强公路水运建设项目管理，规范施工过程中试验检测行为，提高试验检测队伍的整体素质和专业技术水平，确保公路水运工程试验检测工作质量，原交通部自1998年以来陆续颁布了《公路水运工程试验检测人员资质管理暂行办法》《公路水运工程试验检测管理办法》和《公路水运工程试验检测人员考试办法》等系列规章制度，启动了公路水运工程试验检测人员从业资格管理。2007年，原交通部基本建设质量监督总站以省为单位组织了公路水运工程试验检测人员业务考试；2009年以来，交通运输部工程质量监督局会同交通运输部职业资格中心，在全国范围内先后组织了六次公路水运工程试验检测人员统一考试。

2015年6月23日，人力资源社会保障部、交通运输部联合印发了《关于印发〈公路水运工程试验检测专业技术人员职业资格制度规定〉和〈公路水运工程试验检测专业技术人员职业资格考试实施办法〉的通知》（人社部发〔2015〕59号），标志着公路水运工程试验检测专业技术人员水平评价类国家职业资格制度正式设立。

2017年度公路水运工程试验检测专业技术人员职业资格考试定于11月18日、19日举行。为了满足广大考生在考前冲刺阶段复习需要，本书依据考试大纲及考试用书相关要求而编写，包括助理试验检测师、试验检测师两个级别。各级别均按照考试科目设置情况为三个分册，即《公共基础＋道路工程》《公共基础＋桥梁隧道工程》《公共基础＋交通工程》。

本书为《公共基础＋道路工程》分册，主要包括3套“公共基础”科目和4套“道路工程”科目模拟试题，并附有参考答案及解析，可供报考公路水运工程试验检测师“道路工程”专业科目的广大考生考前模拟自测使用。

本书编写人员分工如下：重庆交通大学张祖棠负责“公共基础”科目；长安大学王乾、耿九光负责“道路工程”科目。

书中难免有疏漏和不当之处，请各位考生提出宝贵意见和建议，以便修订时参考。

本书编委会

2017年7月

目　　录

第一部分　公 共 基 础

模拟试题一

说明:1. 本模拟试题设置单选题 40 道、判断题 30 道、多选题 25 道,总计 120 分;模拟自测时间为 120 分钟。

2. 本模拟试题仅供考生进行考前自测使用。

一、单项选择题(下列各题中,只有一个备选项最符合题意,请填写最符合题意的一个备选项,选错或不选不得分。每题 1 分。)

1. 随机误差源于(　　)。

A. 仪器误差　　B. 人为误差

C. 试剂误差　　D. 不能预料的原因

2. 试验检测用的仪器设备应(　　)来表明其检定或校准的状态。

A. 分类编号　　B. 使用彩色标识

C. 采用唯一性标识　　D. 按照用途存放

3. 检验检测机构的技术记录应包括负责抽样的人员、从事各项检测和校准的人员和结果校核人员的(　　)。

A. 印章　　B. 签字　　C. 标志　　D. 签名

4. 数字 45^{+2}_{-3}代表(　　)。

A. 小于 47 的值均符合要求

B. 大于 47 的值均符合要求

C. 介于 42 ~47 的值均符合要求

D. 介于 42 ~47 且包含 42 和 47 的值均符合要求

5. 根据标准物质的定义,下列物质中属于标准物质的有(　　)。

A. 用于压实度检测的标准砂

B. 用于石灰检测的标准盐酸试剂

C. 用于水泥细度筛标定的标准粉

D. 用于外加剂检测的标准水泥

6. 下列选项中,不属于对检测报告格式要求的是(　　)。

A. 不准用铅笔书写　　B. 不准随意更改

C. 采用统一字体大小和仿宋体　　D. 采用统一的封面格式

7.《危险化学品安全管理条例》自(　　)起施行。

A. 2012 年 1 月 1 日　　B. 2011 年 12 月 1 日

C. 2011 年 10 月 25 日　　D. 2011 年 2 月 16 日

8. 修约 97.34,修约间隔为 1,正确的是(　　)。

A. 97　　B. 97.3　　C. 97.4　　D. 98

9. 检测机构被评为丙级后须满(　　)年且具有相应的试验检测业绩后,方可申报上一等级的评定。

A. 4　　B. 3　　C. 2　　D. 1

10. 检验检测机构管理评审的组织者是(　　),管理评审的目的是就质量方针和目标,对质量体系的现状和适应性进行正式评审。

A. 技术负责人　　B. 质量负责人

C. 最高管理者　　D. 质量主管

11. 甲级试验检测机构配备试验检测人员中,下列不属于对技术负责人要求的是(　　)。

A. 具备质量负责人资格　　B. 持试验检测师证书

C. 8 年以上试验检测工作经历　　D. 相关专业高级职称

12. 未取得(　　)的检验检测机构,不得开展产品质量检验工作。

A. 合法证书　　B. 资格认定证书

C. 产品合格证书　　D. 计量合格证书

13.《公路水运工程试验检测机构等级证书》的有效期为(　　)年。

A. 3　　B. 7　　C. 5　　D. 1

14. 制定《计量法》的目的是(　　)。

A. 加强质量管理　　B. 保障生产安全

C. 保障量值的准确可靠　　D. 维护生产秩序

15. 用于校准的设备,其自身的误差应小于或等于被测设备最大允许误差绝对值的(　　)。

A. 1/5　　B. 1/6　　C. 1/3　　D. 1/2

16. 确认校准后仪器设备是否满足要求的依据是(　　)。

A. 校准规范　　B. 校准规程

C. 作业指导书　　D. 设备说明书

17. 下列关于选择试验检测仪器设备期间核查标准的说法,错误的是(　　)。

A. 若存在合适的比较稳定的实物量具,就可以作为核查标准

B. 若存在合适的比较稳定的被测物品,也可选用一个被测物品作为核查标准

C. 机构应对所有在用仪器设备开展期间核查,尤其是那些性能稳定,使用频率不高,不易损坏的仪器设备更需要进行期间核查

D. 若对于某个仪器设备,不存在可作为核查标准的实物量具或稳定的被测物品,则可不进行期间核查

18. 下列选项中,(　　)不属于实验室检测/校准报告证书中的印章符号。

A. CNAS　　B. CMA　　C. CAL　　D. CMC

19. 授权签字人是指签发报告的人,应是(　　)。

A. 检测机构的最高管理者

B. 检测机构的技术负责人

C. 检测机构的质量负责人

D. 由检测机构推荐经评审部门考核合格的人

20. 设备比对应具备的条件不包括(　　)。

A. 相同的操作者　　B. 类似的被测对象

C. 相同的地点　　D. 相同的测量系统

21. 质监机构实施监督检查时,不会采取的措施有(　　)。

A. 进入检测机构的工作场地现场抽查

B. 约谈机构负责人、暂停机构检测活动

C. 责令即时改正或限期整改

D. 查阅、记录、复制与检查相关的事项和资料

22. 由于工期紧,客户要求检测机构缩短标准、规范规定的样品养生时间或样品静置时间完成检测项目时,应做以下(　　)处理。

A. 不接受客户的要求　　B. 依据采用非标准方法程序

C. 依据允许偏离的程序　　D. 依据不符合检测工作的程序

23. 检验检测机构为查找问题的根本原因,实施纠正措施应从(　　)开始。

A. 分析　　B. 调查　　C. 检查　　D. 评审

24. 试验检测师应当通过(　　)专业科目的考试。

A. 任意一门　　B. 2 门或 2 门以上

C. 至少 3 门　　D. 全部 5 门

25. 双学士学位研究生申报试验检测师,需毕业后累计从事试验检测工作(　　)年以上。

A. 2　　B. 3　　C. 4　　D. 5

26. 按照《检验检测机构资质认定管理办法》(质检总局令第 163 号)规定,检验检测机构

资质认定标志,由 China Inspection Body and Laboratory Mandatory Approval 的英文缩写 CMA 形成的图案和由一些代码组成的资质认定证书 12 位编号构成。下面选项中,不属于编号代码内容的是(　　)。

A. 发证年份代码　　B. 发证机关代码

C. 发证省别代码　　D. 专业领域类别代码

27. 实验室每年至少开展一次内部审核,需增加内审次数的情况为(　　)。

A. 实验室搬迁　　B. 增加新人员

C. 业务范围扩大　　D. 有客户投诉

28. 依据《公路试验检测数据报告编制导则》的规定,下列不属于试验检测报告基本信息区内容的是(　　)。

A. 报告编号　　B. 工程名称

C. 试验依据　　D. 判定依据

29. 检验检测机构自被撤销资质认定之日起(　　)年内,不得再次申请资质认定。

A. 1　　B. 2　　C. 3　　D. 5

30. 有关仪器设备检定校准状态标识的使用,正确的做法是(　　)。

A. 仪器设备的校准的多个参数中,其中有一个参数误差通过修正后满足要求,其余参数均满足要求,该设备加贴绿色标识

B. 仪器设备的校准的多个参数中,其中有一个参数误差通过修正后满足要求,其余参数均满足要求,该设备合格部分加贴绿色标识,有修正部分贴黄色标识

C. 仪器设备校准的多个参数中,其中有一个参数误差通过修正后满足要求,其余参数的标准误差均符合要求,该设备加贴黄色标识

D. 仪器设备校准的多个参数中,其中有一个参数误差通过修正后满足要求,其余参数的标准误差均符合要求,该设备加贴红色标识

31. 检验检测机构的资质认定是法律法规规定的(　　)行为。

A. 管理　　B. 强制性

C. 自愿　　D. 第三方

32. 校准结果既可给出被测量的示值,又可以确定示值的(　　)。

A. 精密度　　B. 偶然误差

C. 修正值　　D. 系统误差

33. 实验室应建立和维持程序来控制构成其(　　)的所有文件。

A. 质量体系　　B. 管理体系

C. 文件体系　　D. 文件程序

34. 实验室所有的记录应予以安全保护和(　　)。

A. 存档　　B. 维护　　C. 保密　　D. 监督

35. 在某些技术领域，如(　　)中要求从事某些工作的人员持有个人资格证书，检验检测机构有责任满足这些专门人员的持证上岗要求。

A. 无机结合料检测　　B. 水泥检测

C. 路面检测　　D. 结构无损检测

36. 资质认定的评审内容包括以下哪几个方面(　　)。

①组织机构；②仪器设备；③检测工作；④人员；⑤环境；⑥工作制度；⑦检测报告

A. ①②④⑤⑥⑦　　B. ①②③④⑤⑦

C. ①②③④⑥⑦　　D. ①②③④⑤⑥

37. 检验检测机构可以分包的情形是(　　)。

A. 不具备检测能力　　B. 工作量大，时间要求紧的

C. 出口检验项目　　D. 仪器设备使用频次低的项目

38. 选择合格仪器设备的供应商服务单位时，一般应评价其(　　)。

A. 售后服务水平　　B. 产品价格

C. 产品质量　　D. 单位规模

39. (　　)是检验检测机构合同评审的结果。

A. 检测报告　　B. 检定证书

C. 程序文件　　D. 检测委托书

40. 公路水运检测机构的工地试验室设立实行(　　)。

A. 报批备案制　　B. 登记备案制

C. 批准备案制　　D. 报批登机制

二、判断题(请对下列题述观点正确与否进行判断，判断准确得分，否则不得分。每题1分。)

1. 测量正确度是无穷多次重复测量所得量值的平均值与一个参与量值之间的一致程度。

(　　)正确　　(　　)不正确

2. 实验室开展新项目时，应组织比对验证试验进行能力确认。

(　　)正确　　(　　)不正确

3. 扩展不确定度是由合成标准不确定度的倍数表示的测量不确定度。

(　　)正确　　(　　)不正确

4.《公路水运工程试验检测信用评价办法(试行)》对试验检测机构信用评价划分为五个等级。

(　　)正确　　(　　)不正确

5. 比对是在规定的条件下,对相同类型的准确度等级或指定不确定度范围的同种测量仪器复现的量值之间比较的过程。

( )正确 ( )不正确

6. 系统误差可利用修正值进行补偿,这种补偿并不完全。

( )正确 ( )不正确

7. 工程建设项目同一合同段中的施工和监理单位不得将外委试验委托给同一检测单位。

( )正确 ( )不正确

8. 为了评定计量器具的技术特性,计量检定规程规定了检定参数和范围。

( )正确 ( )不正确

9. 如果试验检测机构承接的检测参数既未通过等级评定也未通过计量认证的,就属于超业务范围,检测机构不可以出具报告。

( )正确 ( )不正确

10. 检测机构存在多个试验场所时,其每个分场所都需建立各自的质量体系。

( )正确 ( )不正确

11. 连续 2 年被评为信用较差的人员,其信用等级直接按很差发布,并列入黑名单。

( )正确 ( )不正确

12. 试验检测人员参加继续教育是个人行为,与所在的试验检测机构无关。

( )正确 ( )不正确

13. 工地试验室非授权助理试验检测师需注册登记在母体检测机构。

( )正确 ( )不正确

14.《公路试验检测数据报告编写导则》记录中的复核人与报告的审核人需具备检测试验检测师资格。

( )正确 ( )不正确

15. 客户以口头形式表达的投诉,实验室应该记录归档。

( )正确 ( )不正确

16. 强制检定的计量标准和强制检定的工作计量器具,统称为强制检定的计量器具。

( )正确 ( )不正确

17. 交通行业试验室的所有试验检测设备都必须依法送检定或校准。

( )正确 ( )不正确

18. 母体检测机构上年度信用评价等级在 C 级以上的检测机构不宜作为授权设立工地试验室的母体检检机构。

( )正确 ( )不正确

19. 检测机构参加交通运输部组织的比对试验,连续 2 次(或 2 年)出现“不满意”结果时,

则要降低机构等级。

(　　)正确　　　　　　　　　　　　(　　)不正确

20. 公路水运试验检测机构换证复核不合格的，由质监机构责令进行整改，整改期内，可承担质量评定和工程验收的试验检测业务。

(　　)正确　　　　　　　　　　　　(　　)不正确

21. 规范是对某一阶段或某种结构的某项任务的目的、技术内容、方法、质量要求等作出的系列规定。

(　　)正确　　　　　　　　　　　　(　　)不正确

22. 试验检测师应当通过公共基础科目和至少一门专业科目的考试可以取得上岗证书，高级工程师免考公共基础。

(　　)正确　　　　　　　　　　　　(　　)不正确

23. 当一台设备需对多个参数进行校准时，参数合格的部分可粘贴绿色标识，误差超出合格范围但可降级使用的部分粘贴黄色标识。

(　　)正确　　　　　　　　　　　　(　　)不正确

24. 测量仪器即测量设备，是用于进行测量的装置。

(　　)正确　　　　　　　　　　　　(　　)不正确

25. 公路水运工程试验检测专业技术人员职业资格考试合格后证书全国行业有效。

(　　)正确　　　　　　　　　　　　(　　)不正确

26. 根据国家有关法律、法规的规定，依据工程建设技术标准、规范、规程，对公路水运工程所用材料、构件、工程制品、工程实体的质量和技术指标等进行的试验检测活动，叫公路水运工程试验检测。

(　　)正确　　　　　　　　　　　　(　　)不正确

27. 对工地临时试验室进行活动的监督，只应由母体试验室进行。

(　　)正确　　　　　　　　　　　　(　　)不正确

28. 公路水运工程试验检测机构的等级评定和换证复核都是以书面审查为主，必要时可进行现场评审。

(　　)正确　　　　　　　　　　　　(　　)不正确

29. 检测机构在同一公路水运工程项目标段中，不得同时接受业主、监理、施工等三方的试验检测委托任务。

(　　)正确　　　　　　　　　　　　(　　)不正确

30. JTG D54—2001 可以解读为交通运输部公路工程标准 D 类第 5 种的第 4 项标准，破折号后是发布年。

(　　)正确　　　　　　　　　　　　(　　)不正确

三、多项选择题(在下列各题的备选答案中,有两个或两个以上的备选项符合题意,请填写符合题意的备选项,选项部分正确按比例得分,出现错误选项该题不得分,完全正确的得满分。每题2分。)

1. 质量检验的可靠性与(　　)有关。

A. 样品的规格　　B. 质量检验手段的可靠性

C. 仪器设备的量程　　D. 抽样检验方法的科学性

2. 下列申请人中,(　　)有权向省级以上质量技术监督部门提出质量鉴定申请。

A. 司法机关

B. 处理产品质量纠纷的有关社会团体

C. 产品质量争议双方当事人

D. 质量技术监督部门或者其他行政管理部门

3. 行业标准的编号由(　　)组成。

A. 国家标准代号　　B. 行业标准代号

C. 标准顺序号　　D. 年号

4. 误差就其性质而言,可分为(　　)。

A. 系统误差　　B. 随机误差

C. 综合误差　　D. 过失误差

5. 以标准正态分布为例,统计分布中常见的术语有(　　)。

A. 置信概率　　B. 置信频率

C. 置信区间　　D. 置信因子

6. 实验室应依据(　　)建立质量管理体系。

A. ISO 9000 系列质量管理体系

B. 实验室资质认定评审准则

C. ISO 18000 系列质量管理体系

D. ISO/IEC 17025 检测和校准实验室能力的认可准则

7. 服从正态分布的随机误差具有如下(　　)特点。

A. 单峰性　　B. 对称性

C. 周期性　　D. 抵偿性

8. 下列描述样品检验状态的标识,正确的是(　　)。

A. 未检　　B. 在检　　C. 检毕　　D. 强检

9. 下列哪些行为是属于违规使用行业证书(　　)。

A. 同一个人将监理证书与检测证书同时注册在不同的法人单位

B. 将已取得证书复制后使用

C. 同一个人将助理试验检测师证书与检测试验检测师证书同时分别用于不同项目的工地试验室备案

D. 同一个检测试验检测师证书注册单位和工地试验室授权书单位不一致

10. 下列哪些情况属于报告签字人不具备资格( )。

A. 试验助理试验检测师对记录复核签字

B. 取得公路专业试验检测试验检测师资格证书在水运工程材料报告中签字

C. 隧道专业试验检测试验检测师在基桩检测报告中签字

D. 试验检测试验检测师经母体授权负责工地试验室管理,其证书未注册登记

11. 测力环经校准,测得力值与百分表读数如下:

力值(kN)(X)	0	1	2	3	4	5
百分表读数(mm)(Y)	1.000	1.440	1.878	2.330	2.780	3.246

对校准结果确认计算正确的是( )。

A. $Y=2.2288X-2.2079, R^2=0.999$　　B. $Y=0.4486X+0.9908, R^2=0.999$

C. $Y=2.2288X+2.2079, R^2=0.999$　　D. $Y=0.4486X-0.9908, R^2=0.999$

12. 下列关于试验方法与判定标准的选择,表述正确的是( )。

A. 国家标准与交通行业标准并存时,优先采用交通行业标准

B. 优先采用最新发布的国家标准或交通行业标准

C. 根据判定标准选择试验方法

D. 如果交通行业标准引用了国家标准,当国家标准发生更新时,优先采用国家标准

13. 检测人员证书到期,发证部门应对其( )进行审核后,方可决定是否允许其继续从事检测活动。

A. 参加继续教育情况　　B. 参加能力验证情况

C. 信用记录　　D. 业绩

14. 为保证检测结果客观准确,常用的结果质量控制方法有( )。

A. 使用有证标准物质　　B. 人员比对

C. 设备比对　　D. 留样再测

15. 安全生产费用可以用于( )。

A. 购买灭火器材、消防设施和设置消防通道

B. 购买安全帽、防护服、防毒面具等

C. 生产条件的改善

D. 人员的安全培训

16. 下列情况属于自校准的是(　　)。

A. 试验室人员对自用试模的校准

B. 全站仪开机时的设备自我校准

C. 设备厂家对提供的无溯源证书的标准样品的校准

D. 试验室对设备进行期间检查

17. 载重为 8 吨的汽车采用重力表述,下列选项中错误的是(　　)。

A. 8t　　B. 79kN　　C. 8kN　　D. 800kN

18. 下列关于试验检测报告用章,表述正确的有(　　)。

A. 通过 CMA 认证但等级证书中未批准的参数,报告左上角应加盖“CMA”标识

B. 通过计量认证的参数,加盖“CMA”印章标识在报告的右上角

C. 等级证书中未批准且未通过 CMA 认证的参数,报告不加盖任何标识

D. 通过 CMA 认证并在等级证书中批准的参数,报告左上角应加盖“CMA”标识,报告右上角应加盖等级证书标识“J”

19. 当出现下列(　　)情况时,试验检测机构的原等级证书失效。

A. 等级证书到期未按规定期限申请换证核查

B. 换证复核时被注销等级证书

C. 试验检测机构将业务转包、违法分包的

D. 试验检测机构法人、技术负责人、质量负责人发生变更后未办理相应手续

20. 自校准的设备应满足下列哪些条件(　　)。

A. 使用频率较高的设备

B. 使用环境恶劣的

C. 设备厂家提供了无溯源证书的标准样品

D. 设备自带校准程序

21. 工地试验室标准化建设的核心不包括(　　)。

A. 质量管理信息化　　B. 检测工作智能化

C. 硬件建设标准化　　D. 数据报告标准化

22. 试验室所用的烘箱在示值为 105℃ 处的实测值为 108℃,烘箱在此处的相对误差错误的是(　　)。

A. 2.86%　　B. −3℃　　C. −2.86%　　D. 3℃

23. 下列选项中,属于系统抽样的有(　　)。

A. 定位系统抽样　　B. 等距抽样

C. 散料抽样　　D. 分层抽样

24. 在能力验证活动中,对于定性数据和半定量结果的评价结论一般表述为(　　)。

A. 差　　B. 满意　　C. 优秀　　D. 离群

25. 以下物质中,属于标准物质的有(　　)。

A. 外加剂试验用基准水泥　　B. 筛孔标定用标准粉

C. 石灰试验用标准盐酸　　D. 标准砂

模拟试题二

说明:1. 本模拟试题设置单选题40道、判断题30道、多选题25道,总计120分;模拟自测时间为120分钟。

2. 本模拟试题仅供考生进行考前自测使用。

一、单项选择题(下列各题中,只有一个备选项最符合题意,请填写最符合题意的一个备选项,选错或不选不得分。每题1分。)

1. 下列说法中正确的是(　　)。

A. 标准偏差大,变异系数亦大

B. 变异系数大,样本数据的波动性就大

C. 标准偏差反映样本数据的相对波动状况

D. 变异系数大,标准偏差亦大

2. (　　)为国际单位制单位。

A. 海里　　B. 分贝　　C. 千克　　D. 吨

3. 检验检测机构应具有安全处置、运输、存放、使用和有计划维护(　　)的程序,以确保其功能正常并防止污染或性能退化。

A. 测量系统　　B. 测量数据

C. 测量设备　　D. 校准设备

4. (　　)是我国法定计量单位。

A. 升　　B. 毫升　　C. 尺　　D. 克

5. 要实施盲样管理,样品标识中不得出现的信息是(　　)。

A. 样品名称　　B. 样品编号

C. 委托方的信息　　D. 规格及型号

6. 根据《计量法》的规定,法定计量单位是由(　　)承认、具有法定地位的计量单位。

A. 县级以上标准化行政主管部门　　B. 国家法律法规

C. 政府机关　　D. 计量行政主管部门

7. 检验检测机构的质量方针应该由(　　)批准正式发布。

A. 质量负责人　　B. 质量主管

C. 技术管理者　　D. 最高管理者

8. 计量认证的专业类别代码中,代表交通的是(　　)。

A. R　　B. N　　C. P　　D. Y

9. CMA 是(　　)的英文缩写。

A. 中国计量认证　　B. 国际计量认证

C. 计量合格证　　D. 计量资格证

10. 实验室质量管理体系文件自发布后,至少运行(　　)个月,才能进行计量认证评审。

A. 1　　B. 3　　C. 6　　D. 12

11. 负责公路水运工程试验检测机构乙级等级评定的机构是(　　)。

A. 省(市)级质量监督局　　B. 国务院主管部门

C. 交通运输部质监总站　　D. 省(市)交通质监机构

12. 依据《公路试验检测数据报告编写导则》的要求,报告落款区的信息有(　　)。

A. 编制人　　B. 审核人

C. 试验日期　　D. 监理见证人

13. 关于等级证书复核换证的基本条件,下列表述正确的是(　　)。

A. 设备环境满足等级标准要求

B. 信用等级不得有 C 级

C. 证书有效期内开展的参数不小于 75%

D. 甲级及专项类检测机构应有高速公路和大型水运工程现场检测项目或工地试验室业绩

14. 实验室的监督人员应对(　　)进行监督。

A. 检测的整个过程　　B. 检测的某一工序

C. 检测的关键环节　　D. 随机抽取的一个环节

15. 国家法定计量单位的名称由(　　)公布。

A. 全国人大常委会　　B. 国务院计量行政部门

C. 中国计量测试学会　　D. 国务院

16. 对同样的极限数值,如果它本身符合要求,则(　　)。

A. 修约值比较法比全数值比较法相对较严格

B. 全数值比较法比修约值比较法相对较严格

C. 两者是一样的

D. 两者没有关系

17. 检验检测机构管理体系的内容是以满足(　　)的需要为准。

A. 体系要求　　B. 质量目标

C. 顾客要求　　D. 公司要求

18. 仪器设备的状态标识中,表明仪器设备存在部分缺陷,但在限定范围内可以使用的应为(　　)标志。

A. 绿色　　B. 黄色　　C. 红色　　D. 白色

19. 向社会出具具有证明作用报告的检验检测机构,其建立的质量体系应符合(　　)的要求。

A.《公路水运工程试验检测管理办法》

B.《检验检测机构资质认定管理办法》

C.《检测和校准实验室能力的通用要求》

D. ISO 9001 质量体系

20. 为确保检验检测机构文件现行有效,需要采取(　　)措施。

A. 指定专人保管文件　　B. 实验室的所有文件都加盖受控章

C. 文件必须存放在指定的地方　　D. 建立文件控制程序

21. 计量溯源是指检验检测机构确保检测结果能够溯源至(　　)的要求。

A. 国家基标准　　B. 法定计量单位

C. 国家标准　　D. 地方计量标准

22. 由下列一组实测值得出"报出值","修约值"多保留 1 位,并将其修约到个位数,表达正确的是(　　)。

序号	实测值	报出值	修约值
①	15.4726	15.5^-	16
②	25.5462	25.5^+	26
③	-18.5201	-18.5^+	-18
④	-14.5000	-14.5	14

A. ①②③④　　B. ①③　　C. ②③　　D. ②

23. 一般来讲,从所包括的内容上比较,检定比校准包括的内容(　　)。

A. 更少　　B. 更多

C. 一样多　　D. 选项 ABC 均不正确

24. 换证复核合格的,予以换发新的《等级证书》,证书有效期为(　　);不合格的,质监机构应当责令其在(　　)内进行整改,整改期内不得承担质量评定和工程验收的试验检测业务。

A. 3 年; 6 个月　　B. 3 年; 3 个月

C. 5 年; 6 个月　　D. 5 年; 3 个月

25. 校准是在规定的条件下,为确定仪器或测量系统所指示的量值,与对应标准复现的量值之间的关系操作,即被校的计量器具与高一级的计量标准相比较,以确定被校计量器具的示值(　　)的全部工作。

A. 合格与否　　B. 精密度　　C. 一致性　　D. 误差

26. 下列选项中,(　　)不属于《公路水运工程试验检测机构等级证书》中应当注明的关于检测机构的内容。

A. 授权签字人　　B. 项目范围　　C. 类别　　D. 等级

27. 检测是按照规定的程序,为了确定给定的产品、材料、设备、生物体、物理现象、工艺过程或服务的一种或多种(　　)的技术操作。

A. 特性或性能　　B. 重复性和复现性

C. 试验数据　　D. 性能和评定

28. 实验室技术记录应包括负责抽样的人员、从事各项检测和校准的人员和结果校核人员的(　　)。

A. 印章　　B. 签字　　C. 标志　　D. 签名

29. 检验检测机构内部审核的周期通常为(　　)。

A. 2 年　　B. 1 年　　C. 6 个月　　D. 3 个月

30. 管理评审是实验室的执行管理层根据预定的日程和程序,定期对实验室的质量体系检测和校准活动进行评审,典型的周期为(　　)。

A. 1 个月　　B. 12 个月　　C. 24 个月　　D. 不定期

31. 选择合格仪器设备的检定/校准服务单位,一般应评价(　　)。

A. 检定/校准服务实验室的规模　　B. 检定/校准服务机构的检定资质

C. 检定/校准服务实验室的性质　　D. 检定/校准服务机构的部门属性

32. 机构负责人、技术负责人等发生变更的,应当自变更之日起(　　)日内,到原发证质监机构办理变更登记手续。

A. 15　　B. 7　　C. 10　　D. 30

33. 母体试验检测机构要对工地试验室进行授权,下列不属于授权内容的是(　　)。

A. 母体试验室的设备使用权　　B. 授权工地试验室的公章

C. 授权期限　　D. 授权负责人

34.《公路水运工程试验检测人员继续教育办法(试行)》的实施时间是(　　)。

A. 2011 年 10 月 25 日　　B. 2011 年 12 月 1 日

C. 2012 年 1 月 1 日　　D. 2012 年 3 月 1 日

35. 资质认定办理时限的规定要求,受理决定必须在(　　)个工作日内作出,并且在(　　)个工作日内完成技术评审。

A. 5; 30　　B. 5; 20　　C. 5; 45　　D. 7; 45

36. 合同评审是指在合同签订之前,由检验检测机构(　　)进行的系列评审活动。

A. 检测室主任　　B. 样品管理员

C. 程序文件规定的业务人员　　D. 技术负责人

37. 下列情形中,属于轻微违法,由县级以上质量技术监督部门责令其1个月内改正,逾期未改正或者改正后仍不符合要求的,处1万元以下罚款,处罚期间仍可对外出报告的是(　　)。

A. 未按照资质认定部门要求参加能力验证或者比对的

B. 出具的检验检测数据、结果失实的

C. 超出资质认定证书规定的检验检测能力范围,擅自向社会出具具有证明作用数据、结果的

D. 非授权签字人签发检验检测报告的

38. 当检验检测机构发生资质认定检验检测项目取消情形时,应该采取的方法是(　　)。

A. 向资质认定部门申请办理变更手续

B. 自行从机构参数表内取消,并以某种形式公示

C. 自行从机构参数表内取消,并报相关部门备案

D. 自行从机构参数表内取消

39. 为保证检验检测结果的(　　),检验检测机构应当确保其相关测量和校准结果能够溯源至国家标准。

A. 可靠性　　B. 正确性

C. 精确性　　D. 准确性

40. 检验检测机构应当建立并保持出现不符合工作的(　　)。

A. 纠正措施　　B. 偏离程序

C. 处理程序　　D. 预防措施

二、判断题(请对下列题述观点正确与否进行判断,判断准确得分,否则不得分。每题1分。)

1. 修正值等于负的随机误差估计值。

(　　)正确　　(　　)不正确

2. 报告的扉页未记录有试验检测的数据和结论,因此不记入报告的总页数。

(　　)正确　　(　　)不正确

3. 自校准是试验检测机构使用自有人员、设备及环境等条件,为保证仪器设备量值准确、可靠而开展的校准活动。

(　　)正确　　(　　)不正确

4. 工地试验室及现场检测出具虚假数据报告并造成质量标准降低的,信用评价扣100分。

( )正确 ( )不正确

5. 授权机构相同,同期在同一项目不同的路基工地试验室任试验员,属于同时受聘于两家以上的工地试验室。

( )正确 ( )不正确

6. 检测机构参加交通运输部组织的比对试验中,连续 2 次出现“不满意”结果,将被降低机构等级。

( )正确 ( )不正确

7. 测力环经校准,测得力值与百分表读数结果如下:

力值(kN)(X)	0	10	20	30	40	50
百分表读数(mm)(Y)	1.000	1.784	2.572	3.380	4.183	4.990

校准结果确认为 $Y = 0.0799X + 0.988, R^2 = 1$。

( )正确 ( )不正确

8. 检测机构可设立工地临时试验室,承担相应公路水运工程的试验检测业务,并对其试验检测结果承担责任。检测机构应该负责工地临时试验室的业务指导、行政管理、监督检查。

( )正确 ( )不正确

9. 母体试验检测机构取得资质认定证书,其设立的工地试验室在出具批准的认证参数的试验报告时,也可加盖 CMA 标识用章。

( )正确 ( )不正确

10. 已经检定的设备无需对其检定结果进行确认。

( )正确 ( )不正确

11. 计量确认是确保测量设备处于满足预期使用要求的状态所需要的一组操作。

( )正确 ( )不正确

12. 生产企业内部的检验检测机构也可以申请资质认定。

( )正确 ( )不正确

13. 当测试方法发生偏离时,出具的试验报告应对偏离情况作出说明,而对被检测样品不再作出合格与否结论。

( )正确 ( )不正确

14.《公路试验检测数据报告编写导则》规定了记录和报告的唯一标识编码规则。

( )正确 ( )不正确

15. 工地试验室应在其母体检测机构授权的项目及参数范围内开展检测活动,如有属规范变化而新增参数的,可以根据需要开展检测活动。

(　　)正确　　　　　　　　　　　　(　　)不正确

16. 纠正措施就是对检验检测机构发现的不符合工作立即采取纠正。

(　　)正确　　　　　　　　　　　　(　　)不正确

17. 两个独立事件 M、N 发生的概率分别为 $P(M)$、$P(N)$,则 $P(M+N)=P(M)+P(N)$。

(　　)正确　　　　　　　　　　　　(　　)不正确

18. 用于贸易结算、安全防护、医疗卫生、环境监测方面的工作计量器具,必须遵行强制检定原则。

(　　)正确　　　　　　　　　　　　(　　)不正确

19. 周期检定是按时间间隔和规定程序,对仪器设备定期进行的一种后续检定。

(　　)正确　　　　　　　　　　　　(　　)不正确

20. 能力验证提供测试样品的均匀、稳定是利用实验室间比对进行能力验证的关键。

(　　)正确　　　　　　　　　　　　(　　)不正确

21. 记录表是用来记录试验的数据和相关信息的,具有唯一性。

(　　)正确　　　　　　　　　　　　(　　)不正确

22. 对带有合格证的出厂设备进行检定校准是设备销售的需要,对保证试验检测数据准确可靠并无作用。

(　　)正确　　　　　　　　　　　　(　　)不正确

23. 扩展不确定度是合成不确定度与一个大于 1 的数字因子的乘积。

(　　)正确　　　　　　　　　　　　(　　)不正确

24. 实验室间的比对结果评价标准应由实验室根据自身的实验水平预先确定。

(　　)正确　　　　　　　　　　　　(　　)不正确

25. 外资、分支机构申请资质认定按照规定必须具备 3 年及 3 年以上在所在国或者地区从事相关检测活动的业务经历。

(　　)正确　　　　　　　　　　　　(　　)不正确

26. 只有客户以书面形式表达的对检验检测机构的检验检测服务或者数据、结果的质量或服务上的不满意或者抱怨才能叫投诉。

(　　)正确　　　　　　　　　　　　(　　)不正确

27. 检测机构的检验检测报告和原始记录归档应该留存 6 年,以保证其具有可追溯性。

(　　)正确　　　　　　　　　　　　(　　)不正确

28. 对委托检测检测报告不能有“仅对来样负责”表述。

(　　)正确　　　　　　　　　　　　(　　)不正确

29. 公路水运工程安全生产监督管理的方针是坚持“安全第一、预防为主、综合治理”。

(　　)正确　　　　　　　　　　　　(　　)不正确

30. 名为“诚信衡器”的店家不可以制造、修理简易的计量器具。

(　　)正确　　　　(　　)不正确

三、多项选择题(在下列各题的备选答案中,有两个或两个以上的备选项符合题意,请填写符合题意的备选项,选项部分正确按比例得分,出现错误选项该题不得分,完全正确的得满分。每题2分。)

1.《计量法》中规定的“使用不合格的计量器具”是指(　　)。

A. 使用的设备未经检定　　B. 超过检定合格有效期的设备

C. 经检定不合格的计量器具　　D. 未按规定进行期间核查的设备

2. 检测过程中使用不合格的计量器具或者破坏计量器具准确度,给国家和消费者造成损失的,除处罚款外还应(　　)。

A. 没收违法所得　　B. 暂停涉事检测人员检测业务

C. 责令赔偿损失　　D. 没收计量器具

3. 下列关于因果图的表述,错误的是(　　)。

A. 一种逐步深入研究和讨论质量问题的图示方法

B. 优于直方图

C. 又称特性要素图

D. 因果图可称为巴氏图

4. 国家法定计量检定机构的计量检定人员,必须具备(　　)的条件。

A. 经县级以上人民政府计量行政部门考核合格

B. 经县级以上人民政府计量行政部门任命

C. 取得资格证书

D. 经县级以上人民政府计量行政部门批准

5. 实验室能力验证的类型包括(　　)。

A. 测量对比　　B. 分割样品检测对比

C. 设备对比　　D. 人员对比

6. 下列选项中,(　　)属于组合单位。

A. 立方米　　B. 秒　　C. 千克　　D. 每米

7. 下列选项中,(　　)属于试验室超业务范围进行检测活动。

A. 母体检测机构开展等级证书未批准的参数,报告加盖试验检测专用章

B. 母体检测机构开展的参数通过计量认证,报告加盖CMA印章

C. 工地试验室被授权的参数未在等级证书范围,但在计量认证参数范围

D. 工地试验室被授权的参数不在等级证书范围,但属于规范新增参数

8. 依据实验室评审准则,监督应重点考虑(　　)的情况。

A. 新上岗人员　　B. 设备经过维修后的项目或参数

C. 新开展的项目　　D. 标准、规范发生变化后的项目或参数

9. 抽样检验是指抽取的样品应当具有(　　)。

A. 经济性　　B. 代表性

C. 特定性　　D. 随机性

10. 工地试验室标准化建设的核心是(　　)。

A. 质量管理精细化　　B. 检测工作科学化

C. 硬件建设标准化　　D. 数据报告公正化

11. 承担公路水运工程质量事故鉴定的试验检测机构应满足以下(　　)条件。

A. 取得由交通运输主管部门颁发的《等级证书》

B. 通过计量认证

C. 通过国家实验室认可

D. 取得由交通运输主管部门颁发的甲级或者相应专项能力的《等级证书》

12. 实验室建立的管理体系要满足实验室资质认定评审准则的要求,因此要具有(　　)等特性。

A. 系统性　　B. 科学性

C. 有效性　　D. 完整性

13. 申请换证复核的试验检测机构应符合的基本条件是(　　)。

A. 上年度信用等级为 B 级以上

B. 等级证书有效期内信用等级为 C 级的次数不超过一次

C. 等级证书有效期内开始的试验检测参数应覆盖批准的所有试验检测项目且不少于批准参数的 70%

D. 具有不少于一项公路水运工程现场检测项目或设立工地试验室业绩

14. 检定/校准的对象通常为(　　)。

A. 检测设备　　B. 标准物质

C. 测量仪器　　D. 样品

15. 下列有关随机测量误差的表述,正确的是(　　)。

A. 随机测量误差的参考量值是对同一被测量由无穷多次重复测量得到的平均值

B. 随机测量误差的参考量值是对不同被测量由无穷多次重复测量得到的平均值

C. 随机测量误差等于测量误差减系统测量误差

D. 随机测量误差等于测量误差减系统测量误差的估计值

16. 下列选项中,(　　)可作为复核换证试验检测机构业绩的报告。

A. 母体机构出具的试验报告

B. 参加能力验证的项目或报告

C. 母体机构授权工地试验室出具的报告

D. 模拟试验出具的报告

17. 下列选项中,(　　)可以通过验证方式进行溯源。

A. 未经定型的专用检测仪器设备

B. 借用的永久控制范围以外的仪器设备

C. 暂不能溯源到国家基准的设备

D. 作为工具使用不传输数据的仪器设备

18. 下列对重复抽样的表述,正确的是(　　)。

A. 重复抽样属于随机抽样

B. 重复抽样能确保全部样本被抽中的概率相等

C. 重复抽样是每次从总体中随机抽取的一个样本观察后不再放回总体的一种抽样方式

D. 重复抽样是每次从总体中随机抽取的一个样本观察后重新放回总体的一种抽样方式

19. 能力验证计划的基本步骤包括(　　)。

A. 指定值的确定　　B. 能力统计量的计算

C. 能力评定　　D. 能力验证物品均匀性和稳定性的评定

20. 试验检测机构、工地试验室及现场检测项目信用评价的依据包括(　　)。

A. 各级质监机构开展的监督检查中发现的违规行为

B. 上一年度信用评价时发现的严重违规行为

C. 交通运输主管部门通报批评中的违规行为

D. 投诉举报查实的违规行为

21. 资质认定活动的管理主体是(　　)。

A. 国家认监委　　B. 县级以上质监行政部门

C. 直属检验检疫局　　D. 省(市)质监行政部门

22. 资质认定应该经过的环节包括(　　)。

A. 受理　　B. 技术评审

C. 行政审批　　D. 发证

23. 在表征硅含量(%)(极限数值为≤0.05)其测定值或者计算值按照修约值比较法修约后符合要求的值是(　　)。

A. 0.054　　B. 0.060　　C. 0.055　　D. 0.046

24. 延续证书有效期,资质认定部门可以采取书面审查和现场评审两者方式,作出是否准予延续的决定。如采用书面审查的方式延续证书,检验检测机构需要(　　)。

A. 提交相关具备资质能力的证明材料

B. 以公开方式,作出诚信承诺

C. 公布其遵守法律法规、独立公正从业、履行社会责任等情况的自我声明

D. 对自我声明的真实性负责

25. 授权签字人签发试验检测报告需确认的必要信息包括(　　)。

A. 委托单的信息

B. 原始记录与报告信息的一致

C. 试验检测人员持证是否满足要求

D. 仪器设备是否合格

模拟试题三

说明:1. 本模拟试题设置单选题40道、判断题30道、多选题25道,总计120分;模拟自测时间为120分钟。

2. 本模拟试题仅供考生进行考前自测使用。

一、单项选择题(下列各题中,只有一个备选项最符合题意,请填写最符合题意的一个备选项,选错或不选不得分。每题1分。)

1. "为社会提供公正数据的产品质量检验机构,必须经省级以上人民政府计量认证行政部门计量认证。"此规定出自( )。

A.《计量法》　　B.《计量法实施细则》

C.《标准化法》　　D.《认证认可条例》

2. 根据《检验检测机构资质认定评审准则》规定,检验检测机构的最高管理者有权批准发布( )。

A. 质量目标　　B. 质量措施

C. 质量计划　　D. 质量方针

3. 计量认证的专业类别代码中,R是代表( )。

A. 交通　　B. 建设　　C. 铁路　　D. 计量

4.《公路水运工程试验检测管理办法》(交通运输部令2016年第80号)已于2016年12月8日经第( )次部务会议通过,自2016年12月10日起施行。

A. 10　　B. 16　　C. 28　　D. 29

5. 交通质监机构在监督检查中发现检测机构有违反《公路水运工程试验检测管理办法》的行为时,不会采取的行为是( )。

A. 质监机构不再委托其承担检测业务

B. 约谈项目管理者

C. 警告

D. 限期整改

6. 5.29×0.9259=( )。

A. 4.89　　B. 4.90　　C. 4.898　　D. 4.8980

7. 依据有关法律法规、《检验检测机构资质认定管理办法》、《检验检测机构资质认定评审准则》等有关文件的规定,结合资质认定部门的监管实际,将检验检测机构分为A、B、C、D四个类别。在首次启动分类监管时,所有检验检测机构起始默认类别为(　　)。

A. A类　　B. B类　　C. C类　　D. D类

8. 合同评审活动可被理解为确保检验检测活动达到规定目标的(　　)所进行的活动。

A. 适宜性和合法性　　B. 充分性和合理性

C. 充分性和有效性　　D. 有效性和合法性

9. 检测人员按照《公路水运工程试验检测管理办法》要求,应当真实、独立地开展检测工作,保证检验检测数据的(　　)。

A. 清晰、完整、规范　　B. 严密、完善、有效

C. 客观、公正、准确　　D. 客观、公正、科学

10. 信用评价周期为(　　)年。

A. 5　　B. 3　　C. 1　　D. 2

11. 2012年1月1日是(　　)的实施时间。

A.《公路水运工程试验检测机构等级标准》

B.《公路水运试验检测机构等级评定程序》

C.《公路水运工程试验检测人员继续教育办法(试行)》

D.《关于进一步加强公路水运工程工地试验室管理工作的意见》

12. 我们使用的计量器具必须是经检定合格的、(　　)、有标识的计量器具。

A. 结构完整的　　B. 有检定证书

C. 检定周期内　　D. 检定周期外

13. 公路水运工程质量事故鉴定、大型水运工程项目和高速公路项目验收的质量鉴定检测,质监机构应当委托(　　)承担。

A. 通过计量认证的检测机构

B. 具备甲级等级或专项能力的检测机构

C. 通过计量认证的甲级检测机构

D. 通过计量认证的甲级或专项能力的检测机构

14. 资质认定证书有效期为(　　)年。

A. 3　　B. 7　　C. 6　　D. 1

15. 为保证公路水运试验检测的安全,试验检测机构应该在(　　)里制定详细的安全作业管理程序,以保证检测活动的安全。

A. 作业指导书　　B. 程序文件

C. 质量手册　　D. 公司文件

16. 涉及保障人体健康,人身、财产安全的标准属于(　　)。

A. 国家标准 B. 行业标准

C. 强制性标准 D. 推荐性标准

17. 正态分布曲线的特点是(　　)。

A. 双峰性 B. 无水平渐近线

C. 对称性 D. 无拐点

18. 检验检测机构的采购服务不包括(　　)。

A. 仪器设备的采购 B. 抽排设施的安装

C. 仪器设备的检定 D. 选择消耗性材料的供应商

19. 检验检测机构合格的外部供应商来自(　　)。

A. 经过资质认定的检验检测机构

B. 取得 ISO 9001 认证的供货方

C. 服务周到的单位

D. 具备良好质量并可持续信任的单位

20. 按照《公路水运工程试验检测机构等级标准》要求,下列不属于综合乙级对沥青混合料项目设备配置的强制性要求的是(　　)。

A. 电子天平 B. 马歇尔稳定度仪

C. 最大理论密度测定仪 D. 车辙试验机

21.《危险化学品安全管理条例》已经于(　　)经国务院第 144 次常务会议修订通过。

A. 2011 年 12 月 1 日 B. 2011 年 9 月 30 日

C. 2011 年 10 月 25 日 D. 2011 年 2 月 16 日

22. 盲样管理的目的是(　　)。

A. 保证样品在流转过程中样品信息不泄露

B. 保证样品在流转过程中委托方信息不被泄露

C. 保证样品在流转过程中委托单编号不泄露

D. 保证样品在检测过程中样品编号不泄露

23. 制定《公路水运工程试验检测人员继续教育办法(试行)》的依据是(　　)。

A.《建设工程质量管理条例》 B.《公路建设市场管理办法》

C.《公路法》 D.《公路水运工程试验检测管理办法》

24. 检验检测机构质量负责人的责任是(　　)。

A. 对技术方面的工作全面负责 B. 对技术工作日常负责

C. 技术负责人的代理人 D. 对管理体系的运行全面负责

25. 下列选项中,(　　)的符号全部为国际单位的基本单位。

A. mol,cd,N,K B. m,s,A,℃

C. A,K,m,kg　　D. s,N,MPa,m

26. 检验检测机构应将原始观察记录、导出数据,开展跟踪审核的足够信息、校准记录、员工记录,以及发出的每份检测报告或校准证书的副本(　　)。

A. 按规定的时间保存　　B. 尽可能长的时间保存

C. 按最短的时间保存　　D. 无规定保存时间

27. 试验室用的烘箱在示值为 180℃处的实际值为 182℃,则烘箱在此处的相对误差为(　　)。

A. 1.1%　　B. −2℃　　C. −1.1%　　D. −0.25%

28. 检验检测机构在资质认定证书确定的能力范围内,对社会出具具有证明作用数据、结果时,应当标注资质认定标志。资质认定标志加盖在(　　)位置。

A. 主页上部　　B. 封面左上角

C. 封面上部适当位置　　D. 封面检验检测机构名称上

29. 下列选项中,(　　)不会包括在最高管理者授权发布的质量方针中。

A. 管理体系的目的

B. 为客户提供检验检测服务质量的承诺

C. 质量管理目标

D. 遵循准则要求、持续改进管理体系的承诺

30.《公路水运工程试验检测机构等级证书》由质监总站统一规定格式,其有效期为(　　)年。

A. 2　　B. 3　　C. 5　　D. 6

31. 信用等级被评为很差的工地试验室授权负责人,(　　)年内不能担任工地试验室授权负责人。

A. 1　　B. 2　　C. 3　　D. 5

32. 1 平方米面积上均匀垂直作用于 1 牛顿力所形成的压强,称之为(　　)。

A. 1 千克力　　B. 1 兆帕　　C. 1 牛　　D. 1 帕

33. 检验检测机构只应对(　　)申诉、投诉的处理过程及结果及时记录,按规定归档。

A. 以书面形式的　　B. 合理的

C. 不合理的　　D. 选项 ABC

34. 检验检测机构的人员负有保密义务,因此,检验检测机构应当建立并实施相应的保密(　　)。

A. 规定　　B. 程序　　C. 措施　　D. 方针

35. 建立公路水运工程工地试验室是为了进一步加强工地试验室管理,规范试验检测行为,提高试验检测数据的(　　)和准确性,保证公路水运工程质量。

A. 客观性　　B. 完整性　　C. 科学性　　D. 真实性

36. 作为责任主体的(　　)应该加强对授权工地试验室的管理和指导,并对工地试验室试验检测结果的真实性和准确性负责。

A. 施工总包机构　　B. 施工检测机构

C. 母体试验检测机构　　D. 工程监督机构

37. 在试验检测中,两个测量数据分别记录为:甲 15.50^{+},乙 15.50^{-},该记录表示(　　)。

A. 甲实测值比 15.50 大,经修约舍弃为 15.50;乙实测值比 15.50 小,经修约进 1 为 15.50

B. 甲实测值比 15.50 小,经修约进 1 为 15.50;乙实测值比 15.50 大,经修约舍弃后为 15.50

C. 甲实测值比 15.50 大,经修约进 1 为 15.50;乙实测值比 15.50 大,经修约舍弃后为 15.50

D. 甲实测值比 15.50 小,经修约进 1 为 15.50;乙实测值比 15.50 小,经修约进 1 后为 15.50

38. 下列不属于初审必须完成的工作的是(　　)。

A. 检查检测机构检定和校准是否按规定进行

B. 检查检测机构采用的试验检测标准、规范和规程是否合法有效

C. 检查检测机构申报材料与实际状况的符合性

D. 检查检测机构是否具有良好的试验检测业绩

39. 换证复核评审不合格的检测机构,质监机构应当责令其在(　　)天内进行整改,整改期内不得承担质量评定和工程验收的试验检测业务。

A. 30　　B. 90　　C. 15　　D. 180

40. 对于签发的涉及结构安全的产品或试验检测项目不合格报告,工地试验室授权负责人应在(　　)个工作日之内报送试验检测委托方。

A. 7　　B. 5　　C. 2　　D. 3

二、判断题(请对下列题述观点正确与否进行判断,判断准确得分,否则不得分。每题 1 分。)

1. 校准周期属于强制性约束的内容。

(　　)正确　　(　　)不正确

2. 质量体系是为了实施质量管理所需的组织结构、程序、过程的文件体系。

(　　)正确　　(　　)不正确

3. 亿(10^8)、万(10^4)是国家选定的法定计量单位的词头。

( )正确 ( )不正确

4. 按照有效数字规则 1015^2 的计算结果应该是 1.030×10^6。

( )正确 ( )不正确

5. 通常认为,在一次试验中"小概率事件"几乎是不会发生的。

( )正确 ( )不正确

6. 公路水运工程试验检测检测机构等级,是依据检测机构的公路水运工程试验检测水平、配备的设备数量及精密程度、高级检测人员的数量和属于公司产权(或租赁)场地的面积进行的能力划分。

( )正确 ( )不正确

7. 针对Ⅱ类仪器设备的检定/校准工作,应该由经质量技术监督部门授权建立且可以提供检定/校准服务的单位开展。

( )正确 ( )不正确

8. 测量不确定度与具体测量得到的数值大小有关。

( )正确 ( )不正确

9. 公路水运工程试验检测人员出具虚假数据报告造成质量标准降低的,信用评价扣40分。

( )正确 ( )不正确

10. 采购服务包括对供货单位的质量保证能力进行评价,并建立合格供应方名单。

( )正确 ( )不正确

11. 有一类极限数值为绝对极限,书写≥0.2 和书写≥0.20 或者≥0.200 具有同样极限上的意义,对此类界限数值,用判定值或者计算值判定是否符合要求时,需要用修约比较法。

( )正确 ( )不正确

12. 公路水运工程试验检测专业技术人员职业资格证书由交通运输部职业资格中心登记,并向社会公布。

( )正确 ( )不正确

13. 持证的检测人员不得借工作之便推销建设材料、构配件和设备,可以同时受聘于两家以上检测机构。

( )正确 ( )不正确

14.《关于进一步加强公路水运工地试验室管理工作的意见》是由省级交通质量监督机构发布的。

( )正确 ( )不正确

15. 试验检测人员的信用评价采用随机检查累计扣分制。

( )正确 ( )不正确

16. 评审员进行评审活动时，如果与被评审检验检测机构有利害关系或者其评审可能对公正性产生影响，应该采用回避方式。

(　　)正确　　　　(　　)不正确

17. 获取检定报告后的设备确认是对设备检定/校准结果的符合性的评定。

(　　)正确　　　　(　　)不正确

18. 如果被评定仪器设备的示值误差在其最大允许范围误差限内，则可以评定该设备符合性合格。

(　　)正确　　　　(　　)不正确

19. 公路工程等级试验检测机构、工地试验室仪器设备检定/校准工作的依据是《公路工程试验检测仪器设备检定/校准指导手册》。

(　　)正确　　　　(　　)不正确

20. 申诉是客户对检验检测机构提供的检验检测服务或者数据、结果提出正式的书面异议或者争议。

(　　)正确　　　　(　　)不正确

21.《检验检测机构资质认定管理办法》(质检总局令第 163 号)包括 7 章共 50 条内容。

(　　)正确　　　　(　　)不正确

22. 资质认定部门应当自受理申请之日起，根据需要在 30 个工作日内对申请人进行技术评审。

(　　)正确　　　　(　　)不正确

23. 检验检测机构的活动涉及风险评估和风险控制领域时，应建立和保持相应识别、评估、实施的程序。

(　　)正确　　　　(　　)不正确

24. 在合同签订后，检验检测机构应根据客户的要求立刻组织合同评审。

(　　)正确　　　　(　　)不正确

25. 对于诸如水泥、砂、混凝土试块等检测项目，可以简化合同评审的过程，由收样员完成。

(　　)正确　　　　(　　)不正确

26. 公路水运工程试验检测人员，是指具备相应公路水运工程试验检测知识、能力，经考试合格并承担相应公路水运工程试验检测业务的专业技术人员。

(　　)正确　　　　(　　)不正确

27. 校准过程中产生了修正因子，检验检测机构需确保备份得到正确更新。

(　　)正确　　　　(　　)不正确

28. 检测机构依据合同承担公路水运工程试验检测业务，一律不得转包、分包。

(　　)正确　　　　(　　)不正确

29. 使用频率低的设备需要进行期间核查。

(　　)正确　　　　　　　　　　　　　　(　　)不正确

30. 依据计量检定规程对测量仪器的合格性进行评定，当各检定点的示值误差不超过该被检仪器的最大允许误差时，就可以认为其符合准确度级别的要求。

(　　)正确　　　　　　　　　　　　　　(　　)不正确

三、多项选择题(在下列各题的备选答案中，有两个或两个以上的备选项符合题意，请填写符合题意的备选项，选项部分正确按比例得分，出现错误选项该题不得分，完全正确的得满分。每题2分。)

1. 按照《检验检测机构资质认定管理办法》规定进行技术评审工作，评审组在技术评审中发现有不符合要求时，可以采取(　　)方式处理。

A. 书面通知申请人限期整改，直至完成整改

B. 书面通知申请人限期整改，整改30个工作日

C. 申请人在整改期内完成，相应评审项目判定合格

D. 申请人在整改期内未完成，相应评审项目判定不合格

2. 检验检测机构应该具有固定的场所和工作环境，满足检验检测要求，工作场所的形式包括(　　)。

A. 固定设施　　　　　　　　　　　　B. 临时设施

C. 移动设施　　　　　　　　　　　　D. 野外设施

3. 检验检测机构可以使用的检测方法有(　　)。

A. 行业标准方法　　　　　　　　　　B. 非标准方法

C. 检验检测机构制定的方法　　　　　D. 国家标准方法

4. 检验检测机构按照《检验检测机构资质认定评审准则》的要求要对相关管理人员、技术人员、关键支持人员进行工作描述，描述可采用多种方式，但至少应包含(　　)内容。

A. 资格和培训计划　　　　　　　　　B. 从事检验检测工作的职责

C. 新方法制定和确认的职责　　　　　D. 管理职责

5. 检验检测机构应当定期向资质认定部门上报年度报告，年度报告的内容必须包括(　　)。

A. 持续符合资质认定条件和要求　　　B. 遵守从业规范

C. 开展检验检测活动　　　　　　　　D. 期内的检测业绩

6. 国家对用于(　　)的列入强制检定目录的工作计量器具实行强制检定。

A. 环境监测　　　　　　　　　　　　B. 安全防护

C. 医疗卫生　　　　　　　　　　　　D. 贸易结算

7. 设备在出现下列(　　)情形时，必须停用。

A. 给出可疑结果　　B. 超出规定限度

C. 曾经过载　　D. 不能正常开机

8. 参与能力验证进行实验室之间比对的样品，一般应具备(　　)特征。

A. 从材料源中指定　　B. 从材料源中随机得到

C. 与日常检测样品的相识性　　D. 样品的均匀性

9. 测量数据的表达方法通常有(　　)等。

A. 表格法　　B. 图示法

C. 经验公式法　　D. 坐标法

10. 下列属于测量装置检定内容和项目的是(　　)。

A. 计量器具的技术条件　　B. 测量装置的示值误差

C. 检定周期　　D. 检定结果

11. 期间核查可以采用的方式是(　　)。

A. 仪器间的比对　　B. 标准物质验证

C. 方法比对　　D. 加标回收

12. 下列配套文件中，哪些文件属于管理类的配套文件(　　)。

A. 检验检测机构资质认定　检验检测专用章使用要求

B. 检验检测机构资质认定　公正性和保密性要求

C. 检验检测机构资质认定评审准则

D. 检验检测机构资质认定申请书

13.《公路水运工程安全生产监督管理办法》已于2016年3月7日起施行，其编制的依据是(　　)。

A.《中华人民共和国安全生产法》　　B.《建设工程安全生产管理条例》

C.《公路法》　　D.《安全生产许可证条例》

14. 能力验证结果通常需要转化为能力统计量，以下表达式中，代表定量结果能力统计量的是(　　)。

A. 差值 D　　B. 标准四分位间距

C. $D\%$　　D. 中位值

15. 下列关于测量准确度的表述，正确的是(　　)。

A. 是测得值与其真值的一致程度

B. 是无穷多次重复测量所得量值的平均值与一个参考量值间的一致程度

C. 在规定条件下，对同一或类似被测对象重复测量所得示值或测得值间的一致程度

D. 测量准确度不是一个量，不能给出有数字的量值

16. 下列物质中，不属于标准物质的有(　　)。

A. 钢筋检测用钢直尺　　B. 筛孔标定用标准粉

C. 石灰试验用标准盐酸　　D. 用于水泥剂量检测的 EDTA 试剂

17. 按照《检验检测机构资质认定管理办法》规定,检验检测机构应该与对检验检测有关的管理人员、技术人员、关键支持人员建立(　　)关系。

A. 劳动　　B. 雇用　　C. 聘用　　D. 借用

18. 我国法定计量单位由(　　)和(　　)构成。

A. 国际单位制单位　　B. 国家选定的非国际制单位

C. 确定保留的与 SI 单位并用的单位　　D. 工程单位制

19. 下列单位符号中,(　　)是正确的具有专门名称的 SI 导出法定计量单位。

A. kg　　B. N　　C. Pa　　D. V

20. 由两个以上单位相除构成的组合单位,其符号可用下列形式表示,(　　)是正确的表示。

A. kg/m^3　　B. $kg \cdot m^3$　　C. $kg \cdot m^{-3}$　　D. kgm^{-3}

21. 关于计量检定,下列说法正确的是(　　)。

A. 计量检定是进行量值传递的重要形式

B. 计量检定就是对设备进行检验

C. 计量检定是保证量值准确一致的重要措施

D. 计量检定包括检验和加封盖印

22. 公路水运工程试验检测机构出现下列(　　)行为的,其信用等级评定直接确定为 D 级。

A. 出借试验检测等级证书承揽试验检测业务

B. 借用试验检测等级证书承揽试验检测业务

C. 出具虚假数据报告

D. 所设立的工地试验室有得分为 0 分

23. 每项检验检测的记录应包含充分的信息,以便在需要时识别不确定度的影响因素,并确保该次检验检测在尽可能接近原始条件情况下能够重复。请问检测中应该有的信息是(　　)。

A. 温度、湿度　　B. 抽样计划及检测部位示意图

C. 仪器设备型号、编号　　D. 检测方法

24. 混凝土回弹仪在出/入外出检测室时,需完成(　　)工作。

A. 检查设备配件、外观,作好出入记录

B. 送计量检定部门检定校准

C. 报技术负责人同意

D. 借出前、返回后在标准钢砧上率定,记录率定值

25. 凡是获取资质认定证书机构的从业人员,在检验检测活动中必须遵循的原则有(　　)。

A. 客观公正　　B. 科学严谨

C. 公平公正　　D. 诚实信用

参考答案及解析

模拟试题一

一、单项选择题

1.【答案】D

【解析】随机误差是由于不能预料、不能控制的原因造成的。

2.【答案】B

【解析】仪器设备的状态标识分为合格、准用、停用3种,通常分别以绿色、黄色、红色3种颜色来表示。

3.【答案】B

【解析】见《检验检测机构资质认定管理办法》的规定。

4.【答案】D

【解析】见《数值修约规则与极限数值的表示和判定》(GB/T 8170—2008)的要求。

5.【答案】C

【解析】需要理解标准物质和参考标准的概念;掌握标准物质的特性。标准物质具有三个显著特点:①具有特性量值的准确性、均匀性、稳定性;②量值具有传递性;③实物形式的计量标准。

6.【答案】C

【解析】见《公路试验检测数据报告编制导则》(JT/T 828—2012)。

7.【答案】B

【解析】见《危险化学品安全管理条例》。这里需要注意的是条例的实施时间。

8.【答案】A

【解析】掌握间隔修约的方法。

9.【答案】D

【解析】见《公路水运工程试验检测机构换证复核细则》(质监综字[2013]7号)的要求。

10.【答案】C

【解析】见《检验检测机构资质认定评审准则》4.5.13。

11.【答案】A

【解析】见《公路水运工程试验检测机构等级标准》和《公路水运工程试验检测机构等级评定程序》(交质监发[2008]274 号)。

12.【答案】B

【解析】见《检验检测机构资质认定管理办法》(质检总局令第 163 号)。

13.【答案】C

【解析】见《公路水运工程试验检测机构等级标准》和《公路水运工程试验检测机构等级评定程序》(交质监发[2008]274 号)。

14.【答案】C

【解析】《计量法》制定目的是保障国家计量单位制的统一和量值的准确可靠。

15.【答案】C

【解析】若出具校准证书机构评定的测量设备示值误差的不确定度小于或等于被评定测量设备的最大允许误差的绝对值的 1/3 时,则可不考虑示值误差的测量不确定度的影响。

16.【答案】B

【解析】这里需要知道设备获取检定结果后需要进行确认,而确认的依据是检验检测机构制定的设备检定校准规程。选项 A 是检定校准机构使用的并依据规范出具设备检定报告。

17.【答案】C

【解析】期间核查的概念。了解需要进行期间核查的几种情形。检验检测机构应根据设备的稳定性和使用情况来判断设备是否需要进行期间核查,判断依据包括但不限于:a)设备检定或校准周期;b)历次检定或校准结果;c)质量控制结果;d)设备使用频率;e)设备维护情况;f)设备操作人员及环境的变化;g)设备使用范围的变化。

18.【答案】D

【解析】见《检验检测机构资质认定　检验检测专用章使用要求》。

19.【答案】D

【解析】见《检验检测机构资质认定管理办法》(质检总局令第 163 号)。

20.【答案】C

【解析】见考试用书“检验检测机构资质认定管理”相关内容。

21.【答案】B

【解析】见《交通运输部关于修改〈公路水运工程试验检测管理办法〉的决定》(交通运输部令 2016 年第 80 号)第四十四条。

22.【答案】C

【解析】偏离程序的概念。

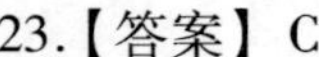

23.【答案】C

【解析】见考试用书“检验检测机构资质认定管理”相关内容。

24.【答案】A

【解析】见《公路水运工程试验检测专业技术人员职业资格考试实施办法》(人社部发[2015]59号)。

25.【答案】A

【解析】见《公路水运工程试验检测专业技术人员职业资格制度规定》(人社部发[2015]59号)。

26.【答案】C

【解析】见《检验检测机构资质认定管理办法》第十三条。编号由11位变为12位,发证年份代码+发证机关代码+专业领域类别代码+行业主管部门代码+发证流水号。这里需要注意的是代码所代表的内容,且代表的五个内容一定要记忆准确。

27.【答案】A

【解析】见考试用书“检验检测机构资质认定管理”相关内容。

28.【答案】A

【解析】见《公路试验检测数据报告编制导则》(JT/T 828—2012)。

29.【答案】C

【解析】见《检验检测机构资质认定管理办法》第四十五条规定。

30.【答案】A

【解析】见考试用书“仪器设备计量溯源及期间核查”相关内容。

31.【答案】C

【解析】见《检验检测机构资质认定管理办法》(质检总局令第163号)。

32.【答案】C

【解析】见考试用书“校准数据的线性回归”相关内容。

33.【答案】A

【解析】见《检验检测机构资质认定管理办法》。

34.【答案】C

【解析】见《检验检测机构资质认定管理办法》。

35.【答案】D

【解析】根据《检验检测机构资质认定管理办法》作出的判断。

36.【答案】D

【解析】见考试用书“试验室管理”相关内容。本题是选择题的另外一种设计形式,以序号表明内容。辨识这类题时,应该先找出4个选项的差别,再从差别中去研究题干中的内容。

37.【答案】D

【解析】理解分包的概念和条件。选项A、B两种情形是不能分包的。

38.【答案】C

【解析】产品质量才是检验检测机构作为使用者应关注的内容。

39.【答案】D

【解析】合同评审是评价检验检测项目的可行性,与选项A、B、C无关。评审结果可行即可与客户签订检测委任书。

40.【答案】B

【解析】见《关于进一步加强公路水运工程工地试验室管理工作的意见》第五条。“工地试验室设立实行登记备案制。”经试验检测机构授权设立的工地试验室,经建设单位初审后报送项目质监机构登记备案,质检机构对通过备案的工地试验室出具“公路水运工程工地试验室备案通知书”。

二、判断题

1.【答案】不正确

【解析】见考试用书“试验检测常用术语和定义”相关内容。正确度是大量测定的均值与真值的接近程度。

2.【答案】不正确

【解析】见考试用书“能力验证”相关内容和《检验检测机构资质认定管理办法》。新项目不是采用能力验证来确认的。

3.【答案】正确

【解析】扩展不确定度的定义。

4.【答案】正确

【解析】见《公路水运工程试验检测信用评价办法(试行)》第八条规定。“试验检测机构信用评价分为AA、A、B、C、D五个等级。”

5.【答案】不正确

【解析】见考试用书“比对”的定义。

6.【答案】正确

【解析】见考试用书“试验检测常用术语和定义”相关内容。

7.【答案】正确

【解析】见《关于进一步加强公路水运工程工地试验室管理工作的意见》。

8.【答案】正确

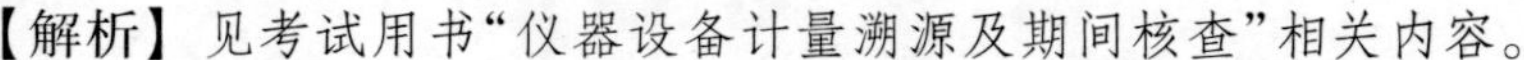

【解析】见考试用书“仪器设备计量溯源及期间核查”相关内容。

9.【答案】正确

【解析】见《关于公布〈公路水运工程试验检测机构等级标准〉及〈公路水运试验检测机构等级评定程序〉的通知》。

10.【答案】不正确

【解析】见《检验检测机构资质认定管理办法》多场所问题。质量体系只需要覆盖到分场所,而不是建立各个分场所的质量体系。

11.【答案】正确

【解析】见《公路水运工程试验检测信用评价办法(试行)》。

12.【答案】不正确

【解析】见《公路水运工程试验检测人员继续教育办法(试行)》。试验检测机构应督促本单位试验检测人员按要求参加继续教育,并保证试验检测人员参加继续教育的时间,提供必要的学习条件。

13.【答案】正确

【解析】见《关于进一步加强公路水运工程工地试验室管理工作的意见》。

14.【答案】正确

【解析】见《公路试验检测数据报告编写导则》。

15.【答案】正确

【解析】见《检验检测机构资质认定管理办法》。

16.【答案】正确

【解析】见《计量法》及《计量法实施细则》。

17.【答案】不正确

【解析】见《公路水运工程试验检测管理办法》,试验检测设备实行分类管理。

18.【答案】正确

【解析】见《公路水运工程试验检测信用评价办法(试行)》《关于进一步加强公路水运工程工地试验室管理工作的意见》。

19.【答案】正确

【解析】见《关于公布〈公路水运工程试验检测机构等级标准〉及〈公路水运试验检测机构等级评定程序〉的通知》。

20.【答案】不正确

【解析】见《公路水运工程试验检测机构换证复核细则》第十六条。

21.【答案】正确

【解析】见《公路工程标准体系》的有关术语。

22.【答案】不正确

【解析】见《公路水运工程试验检测专业技术人员职业资格考试实施办法》(人社部发[2015]59号),考试条件里没有免考条件。

23.【答案】不正确

【解析】见考试用书“仪器设备计量溯源及期间核查”及《检验检测机构资质认定管理办法》相关内容。

24.【答案】正确

【解析】见考试用书“试验检测常用术语和定义”相关内容。

25.【答案】不正确

【解析】见《公路水运工程试验检测专业技术人员职业资格制度规定》第十三条。“公路水运工程试验检测职业资格考试合格,由交通运输部职业资格中心颁发人力资源社会保障部、交通运输部监制,交通运输部职业资格中心用印的相应级别《中华人民共和国公路水运工程试验检测专业技术人员职业资格证书》。该证书在全国范围有效。”这里主要注意说法的准确性。

26.【答案】正确

【解析】见《公路水运工程试验检测管理办法》第三条。这是需要记忆的众多概念、定义之一。这类概念需要正确、准确记忆每个文字。

27.【答案】不正确

【解析】见《公路水运工程试验检测管理办法》第三十一条。“工程所在地省站应当对工地临时试验室进行监督。”注意这里是工程所在地域的省级交通质量监督机构。

28.【答案】不正确

【解析】见《公路水运工程试验检测管理办法》第二十一条。换证复核是以书面审查为主。等级评定工作分为受理、初审、现场评审3个阶段。

29.【答案】正确

【解析】见《公路水运工程试验检测管理办法》第三十七条。“检测机构在同一公路水运工程项目标段中不得同时接受业主、监理、施工等多方的试验检测委托。”

30.【答案】正确

【解析】见《公路工程标准体系》1.6.3。这是关于体系编号定义规则的内容。

三、多项选择题

1.【答案】BCD

【解析】见《检测和校准实验室能力的通用要求》(GB/T 27025)相关内容。

2.【答案】ABCD

【解析】见《产品质量仲裁检验和产品质量鉴定管理办法》。

3.【答案】BCD

【解析】见《行业标准管理办法》(1990年8月14日国家技术监督局令第11号发布)。

4.【答案】ABD

【解析】误差的分类。

5.【答案】ACD

【解析】见考试用书“统计技术的基础”相关内容。

6.【答案】AD

【解析】见《检验检测机构资质认定管理办法》。

7.【答案】ABC

【解析】正态分布的定义。

8.【答案】ABC

【解析】样品进入检验检测机构后,应该经历未检、在检、检毕三个过程。选项D不是样品状态。

9.【答案】CD

【解析】见《公路水运工程试验检测管理办法》和《检验检测机构资质认定评审准则》。

10.【答案】ABCD

【解析】见《公路水运工程试验检测管理办法》和《关于公布〈公路水运工程试验检测机构等级标准〉及〈公路水运试验检测机构等级评定程序〉的通知》。

11.【答案】AB

【解析】见考试用书“校准数据的线性回归”相关内容。

12.【答案】BCD

【解析】见《公路工程标准体系》《中华人民共和国标准化法》。

13【答案】ACD

【解析】见《公路水运工程试验检测专业技术人员职业资格制度规定》(人社部发[2015]59号)。

14.【答案】BC

【解析】见考试用书“计量结果的确认及运用”相关内容。

15.【答案】ABD

【解析】见《公路水运工程安全生产监督管理办法》。

16.【答案】AC

【解析】见考试用书“仪器设备计量溯源”相关内容。

17.【答案】ACD

【解析】见考试用书“国际单位制”相关内容。

18.【答案】AD

【解析】见《检验检测机构资质认定管理办法》“印章的分类与使用”相关要求。

19.【答案】AB

【解析】见《关于公布〈公路水运工程试验检测机构等级标准〉及〈公路水运试验检测机构等级评定程序〉的通知》。

20.【答案】CD

【解析】见考试用书“仪器设备计量溯源及期间核查”相关内容。

21.【答案】AB

【解析】见《关于进一步加强公路水运工程工地试验室管理工作的意见》。

22.【答案】BCD

【解析】见考试用书“计量结果的确认及运用”相关内容。

23.【答案】AB

【解析】见考试用书“统计技术和抽样技术”相关内容。

24.【答案】ABC

【解析】见考试用书“能力验证结果的统计处理和能力评价”相关内容。

25.【答案】BC

【解析】标准物质的定义。

模拟试题二

一、单项选择题

1.【答案】C

【解析】理解标准偏差的定义。

2.【答案】C

【解析】掌握国际单位制和非国际单位制。

3.【答案】D

【解析】见《检验检测机构资质认定评审准则》。

4.【答案】A

【解析】掌握我国的法定计量单位，见考试用书表 7-5。

5.【答案】C

【解析】所谓盲样管理，是指在试验检测过程中，试验检测员不知道样品的委托单位、

工程名称等信息,这些具体信息只有收样人和样品管理员知道,而收样人和样品管理员不得参与试验检测工作,从而杜绝试验检测人员伪造数据等现象的发生,保证试验检测过程的科学、公正、公平和试验检测结果的准确性。

6.【答案】D

【解析】见《中华人民共和国计量法实施细则》。

7.【答案】D

【解析】见《检验检测机构资质认定评审准则》4.5.2。

8.【答案】C

【解析】计量认证的专业类别代码:P 交通,R 建设(建材、城建、建工),N 铁路,Y 计量,Z 其他。

9.【答案】A

【解析】见《检验检测机构资质认定管理办法》之《检验检测机构资质认定 标志及其使用要求》。

10.【答案】C

【解析】见《实验室资质认定工作指南》(中国计量出版社出版,2007)。具备《实验室资质认定评审准则》、《检测和校准实验室能力的通用要求》(GB/T 27025)规定的质量体系并有效运行6个月以上。

11.【答案】D

【解析】见《公路水运工程试验检测机构等级标准》和《公路水运工程试验检测机构等级评定程序》(交质监发[2008]274 号)。

12.【答案】B

【解析】见《公路试验检测数据报告编写导则》(JT/T 828—2012)的要求。

13.【答案】A

【解析】见《公路水运工程试验检测机构换证复核细则》(质监综字[2013]7 号)。

14.【答案】C

【解析】见《检验检测机构资质认定评审准则》及释义 4.2.5。对实验室监督人员的要求应该是检测的关键环节。要注意区分监督员与内审员的职责,内审员可以是全过程,监督员不应该有这个职责。选项 B、D 又达不到人员能力监督的目的。

15.【答案】D

【解析】国家法定计量单位的名称、符号由国务院公布。

16.【答案】B

【解析】见《数值修约规则与极限数值的表示和判定》(GB/T 8170—2008)相关内容。

17.【答案】B

【解析】见《检验检测机构资质认定评审准则》。

18.【答案】B

【解析】1)合格标志(绿色):经计量检定或校准、验证合格,确认其符合检测/校准技术规范规定的使用要求的;2)准用标志(黄色):仪器设备存在部分缺陷,但在限定范围内可以使用的(即受限使用的);3)停用标志(红色):仪器设备目前的状态不能使用的,但经检定、校准或修复后可以使用的。

19.【答案】B

【解析】见《检验检测机构资质认定管理办法》的相关要求。

20.【答案】B

【解析】见《检验检测机构资质认定管理办法》"文件管理"的相关要求。

21.【答案】A

【解析】量值溯源的概念。

22.【答案】D

【解析】见《数值修约规则与极限数值的表示和判定》(GB/T 8170—2008)。

23.【答案】B

【解析】需要理解检定和校准的定义,这是不同的两种行为。校准的内容和项目,只是评定测量装置的示值误差,以确保量值准确;检定的内容则是对测量装置的全面评定,要求更全面,除了包括校准的全部内容之外,还需要检定有关项目。

24.【答案】C

【解析】见《公路水运工程试验检测管理办法》第二十一条。在现实工作中,机构证书的有效期多为3年,比如原来的机构资质认定期限,现在改为6年。整改期一般是3个月。另外,把两个时限放在一个题干里也是试题设计的一种方式。

25.【答案】D

【解析】校准的概念。

26.【答案】A

【解析】见《公路水运工程试验检测管理办法》(交通运输部令2016年第80号)第十八条。

27.【答案】A

【解析】检测的定义,即用指定的方法检验测试某种物体(气体、液体、固体)指定的技术性能指标,适用于各种行业范畴,如:土木建筑工程、水利、食品、化学、环境、机械、机器等的质量评定。

28.【答案】B

【解析】见《检验检测机构资质认定评审准则》的相关要求。

29.【答案】B

【解析】见《检验检测机构资质认定评审准则》的相关要求。

30.【答案】B

【解析】见《检验检测机构资质认定评审准则》的相关要求。

31.【答案】B

【解析】仪器设备的检定/校准的服务单位选择的要求必须是通过资质认定的机构,这关系到检验检测机构仪器设备的量值溯源问题。

32.【答案】D

【解析】见《公路水运工程试验检测管理办法》第二十四条。这类题目需要准确记忆时限。"检测机构名称、地址、法定代表人或者机构负责人、技术负责人等发生变更的,应当自变更之日起30日内到原发证质监机构办理变更登记手续。"

33.【答案】A

【解析】见《关于进一步加强公路水运工程工地试验室管理工作的意见》第四条。本题设计的是一个"不属于"的反面问题。现实工作中,工地试验室与母体试验室的设备使用一直有个归属权问题。"设立工地试验室的母体试验检测机构,应当在其等级证书核定的业务范围内,根据工程现场管理需要或合同约定,对工地试验室进行授权。授权内容包括工地试验室可开展的试验检测项目及参数、授权负责人、授权工地试验室的公章、授权期限等。"

34.【答案】C

【解析】《公路水运工程试验检测人员继续教育办法(试行)》自2012年1月1日起施行。这里用通过时间和假设时间来混淆正确的答案。

35.【答案】C

【解析】见《检验检测机构资质认定管理办法》第十条。这是质检总局第163号令提出的一个新的资质认定评审工作时限,旨在提高政府部门的工作实效。

36.【答案】C

【解析】见考试用书"实验室管理"相关内容。每个机构的样品管理员、室主任、技术负责人都可能参与合同评审,但机构都应该按照合同性质不同规定进行合同评审应该参加的人员。所以比较恰当的答案是选项C。

37.【答案】A

【解析】见《检验检测机构资质认定管理办法》第四十二条(六)。

38.【答案】A

【解析】见《检验检测机构资质认定评审准则》4.5.33。"检验检测机构有下列情形之一,应当向资质认定部门申请办理变更手续:a)机构名称、地址、法人性质发生变更的;b)法定代表人、最高管理者、技术负责人、检验检测报告授权签字人发生变更的;c)资质认定检验检测项目取消的;d)检验检测标准或者检验检测方法发生变更的;e)依法需要办理变更的其他事项。”这是质检总局第163号令新增加的,明确了对于检验检测机构一些不用的参数应该怎么样规范处理的问题。

39.【答案】D

【解析】见《检验检测机构资质认定评审准则》4.4.9。量值溯源的目的是保证使检验检测机构的检测活动结果的准确性,其他选项是近似选项。

40.【答案】C

【解析】见《检验检测机构资质认定评审准则》4.5.10。这里与纠正、发生偏离和预防工作都无关,只是涉及不符合工作的处理过程,所以是选项C。

二、判断题

1.【答案】不正确

【解析】见考试用书“试验检测常用术语和定义”相关内容。修正值等于负的系统误差。

2.【答案】不正确

【解析】见《公路试验检测数据报告编制导则》,每页都应该有页码。

3.【答案】不正确

【解析】自校准一般是利用测量设备自带的校准程序或者功能或者设备厂商提供的没有溯源证书的标准样品所进行的校准活动,通常情况下,其不是有效的量值溯源活动。

4.【答案】正确

【解析】见《公路水运工程试验检测信用评价办法(试行)》附件2。注意区分机构失信行为与人员失信行为的扣分标准不一样。

5.【答案】正确

【解析】见《关于进一步加强公路水运工程工地试验室管理工作的意见》。

6.【答案】正确

【解析】见《关于公布〈公路水运工程试验检测机构等级标准〉及〈公路水运试验检测机构等级评定程序〉的通知》。

7.【答案】正确

【解析】见考试用书“统计技术和抽样技术”相关内容。

8.【答案】不正确

【解析】见《公路水运工程试验检测管理办法》第三十一条。工程所在地省站应当对工地临时试验室进行管理。这里需要区分母体试验室对工地试验室负有的责任与省级公路质量监督部门的监督责任。

9.【答案】不正确

【解析】见《关于进一步加强公路水运工程工地试验室管理工作的意见》。

10.【答案】不正确

【解析】见考试用书“仪器设备计量溯源及期间核查”相关内容,知道设备获得检定证书后的确认活动。

11.【答案】正确

【解析】见考试用书“仪器设备计量溯源及期间核查”相关内容。

12.【答案】不正确

【解析】见《检验检测机构资质认定管理办法》(质检总局令第163号)第九条、《检验检测机构资质认定评审准则》4.1。

第九条说明的是依法设立的法人和其他组织,其依法注册或者登记的经营范围或者业务范围包括检验检测且不包括影响检验检测活动公正性的内容。其他组织包括:经工商部门登记注册的分公司、特殊普通合伙企业;经民政部门登记的民办非企业(法人)单位;经司法行政机关审核登记的司法鉴定机构。

4.1说明的是若检验检测机构是机关或者事业单位的内设机构,不具备法人资格,可由其法人授权,申请检验检测机构资质认定。

13.【答案】不正确

【解析】见《检验检测机构资质认定管理办法》,按照偏离程序进行。

14.【答案】正确

【解析】见《公路试验检测数据报告编写导则》(JT/T 828—2012)。

15.【答案】不正确

【解析】见《关于进一步加强公路水运工程工地试验室管理工作的意见》,不能开展新参数检测。

16.【答案】不正确

【解析】见《检验检测机构资质认定评审准则》4.5.10。

17.【答案】正确

【解析】见考试用书“统计技术的基础”相关内容。

18.【答案】正确

【解析】见《计量法》及《计量法实施细则》。

19.【答案】正确

【解析】周期检定的定义。

20.【答案】正确

【解析】见考试用书“能力验证”相关内容。

21.【答案】正确

【解析】见《公路试验检测数据报告编写导则》(JT/T 828—2012)。

22.【答案】不正确

【解析】见考试用书“仪器设备计量溯源及期间核查”相关内容。检测用设备都需要设备的检定校准结果进行确认。

23.【答案】正确

【解析】见考试用书“扩展不确定度”的定义。

24.【答案】不正确

【解析】见考试用书“能力验证”相关内容。考生应知道机构间比对结果评判的方法。

25.【答案】不正确

【解析】见《检验检测机构资质认定管理办法》(质检总局令第163号)第十四条、第十五条。

26.【答案】不正确

【解析】见考试用书“实验室管理”相关内容。不能只有以书面形式表达的投诉。

27.【答案】不正确

【解析】见《检验检测机构资质认定管理办法》第三十条。报告和原始记录的保存期限不少于6年。

28.【答案】不正确

【解析】见《检验检测机构资质认定管理办法》第二十九条。

29.【答案】正确

【解析】见《公路水运工程安全生产监督管理办法》第四条。

30.【答案】不正确

【解析】《计量法》第三章第十七条规定是可以。“第十七条　个体工商户可以制造、修理简易的计量器具。制造、修理计量器具的个体工商户,必须经县级人民政府计量行政部门考核合格,发给《制造计量器具许可证》或者《修理计量器具许可证》。”

三、多项选择题

1.【答案】ABC

【解析】见《计量法》及《计量法实施细则》。

2.【答案】ACD

【解析】见《计量法》第五章第二十六条、第二十七条规定。“第二十六条　使用不合格的计量器具或者破坏计量器具准确度,给国家和消费者造成损失的,责令赔偿损失,没收计量器具和违法所得,可以并处罚款。”“第二十七条　制造、销售、使用以欺骗消费者为目的的计

量器具的,没收计量器具和违法所得,处以罚款;情节严重的,并对个人或者单位直接责任人员按诈骗罪或者投机倒把罪追究刑事责任。”这个问题实际上具有很强的现实意义,我们日常的检验检测活动中会使用一些不合格的计量器具,比如,钢直尺等。

3.【答案】BCD

【解析】见考试用书“常用数理统计工具”相关内容。

4.【答案】ACD

【解析】见《计量法》及《计量法实施细则》。

5.【答案】ABCD

【解析】见考试用书“能力验证”相关内容。

6.【答案】AD

【解析】见考试用书“国际单位制”相关内容。

7.【答案】ACD

【解析】见《关于进一步加强公路水运工程工地试验室管理工作的意见》。

8.【答案】BCD

【解析】见《检验检测机构资质认定评审准则》。

9.【答案】BD

【解析】见考试用书“统计技术和抽样技术”相关内容。

10.【答案】AC

【解析】见《关于进一步加强公路水运工程工地试验室管理工作的意见》。

11.【答案】BD

【解析】见《公路水运工程试验检测管理办法》(交通运输部令2016年第80号)。

12.【答案】ABC

【解析】见《检验检测机构资质认定评审准则》4.5。

13.【答案】ABC

【解析】见《公路水运工程试验检测机构换证复核细则》(质监综字[2013]7号)。

14.【答案】ABC

【解析】见考试用书“仪器设备计量溯源及期间核查”相关内容。

15.【答案】AC

【解析】见考试用书“测量误差与测量不确定度”相关内容。

16.【答案】AC

【解析】见《公路水运工程试验检测机构换证复核细则》。

17.【答案】ABCD

【解析】见《检验检测机构资质认定评审准则》。

18.【答案】ABD

【解析】见考试用书“统计技术和抽样技术”相关内容。

19.【答案】ABCD

【解析】见考试用书“能力验证”相关内容。

20.【答案】ACD

【解析】见《公路水运工程试验检测信用评价办法(试行)》。

21.【答案】ABD

【解析】见《检验检测机构资质认定管理办法》第一章第五条。

22.【答案】ABCD

【解析】见《检验检测机构资质认定管理办法》第二章第一条“检验检测机构资质认定程序(一)~(四)”。

23.【答案】AD

【解析】见《数值修约规则与极限数值的表示和判定》4.3.3。选项B显然不对;选项C修约值是0.06不符合要求;选项A的修约值是0.05满足要求;选项D修约值是0.05也是满足要求的。

24.【答案】CD

【解析】见《检验检测机构资质认定管理办法》第十一条。这是新增加的一种评审方式,需要加以重点理解记忆。

25.【答案】BC

【解析】见《检验检测机构资质认定评审准则》。

模拟试题三

一、单项选择题

1.【答案】B

【解析】关键是在选项A、B之间,注意《计量法》与《计量法实施细则》的区别,具体的一些行为该如何做应该是出自《计量法实施细则》。

2.【答案】D

【解析】见《检验检测机构资质认定评审准则》4.5.2。

3.【答案】B

【解析】计量认证的专业类别代码:P交通,R建设(建材、城建、建工),N铁路,Y计量,Z其他。

4.【答案】D

【解析】该办法已于2016年12月8日经第29次部务会议通过。这是在关注每个规章制度、管理办法、法律法规的制定时间、依据、实施时间之外的另外一类问题。

5.【答案】B

【解析】见《公路水运工程试验检测管理办法》(交通运输部令2016年第80号)第四十七条。

6.【答案】B

【解析】见《数值修约规则与极限数值的表示和判定》(GB/T 8170—2008)"修约的积"相关内容。

7.【答案】B

【解析】见《检验检测机构资质认定 分类监管实施意见》"四、监管分类及评价标准"相关要求。在首次启动分类监管时,所有检验检测机构起始默认类别为B类。

8.【答案】C

【解析】合同评审的目的是评价检测合同的可行性,要使检验检测活动可行,当然必须是检测需要的环境条件、使用的仪器设备、检测方法等是有效的;样品信息、委托方提供的信息、被委托方在检验检测过程中需要的信息等是充分的。

9.【答案】D

【解析】见《公路水运工程试验检测管理办法》第四十条。"检测人员应当严守职业道德和工作程序,独立开展检测工作,保证试验检测数据科学、客观、公正,并对试验检测结果承担法律责任。"用一个词来表明要求、方针、原则的很多,考生需要联想加理解来记忆这类无关联而又必须记忆准确的一组词。

10.【答案】C

【解析】见《公路水运工程试验检测信用评价办法(试行)》第一章第五条。信用评价周期为1年。

11.【答案】C

【解析】《公路水运工程试验检测人员继续教育办法》自2012年1月1日起施行。

12.【答案】C

【解析】见《计量法实施细则》第五章第二十五条规定。"任何单位和个人不准在工作岗位上使用无检定合格印、证或者超过检定周期以及经检定不合格的计量器具。在教学示范中使用计量器具不受此限。"为什么不是选项B,因为不全面,除有检定证书,还有校准证书等形式。

13.【答案】D

【解析】见《公路水运工程试验检测管理办法》(交通运输部令2016年第80号)第二十九条。"公路水运工程质量事故鉴定、大型水运工程项目和高速公路项目验收的质量鉴定检测,质监机构应当委托通过计量认证并具有甲级或者相应专项能力等级的检测机构承担。”

14.【答案】C

【解析】《检验检测机构资质认定管理办法》第十一条规定:资质认定证书有效期为6年。

15.【答案】B

【解析】见《检验检测机构资质认定评审准则》。无论是三层次或者四层次的体系文件构成,安全作业程序都应该归在程序文件范畴。

16.【答案】C

【解析】见《中华人民共和国标准化法》第二章第七条。“国家标准、行业标准分为强制标准和推荐性标准。保障人体健康,人身、财产安全的标准和法律、行政法规规定强制执行的标准是强制标准,其他标准是推荐性标准。”

17.【答案】C

【解析】见考试用书“常用数理统计工具”相关内容。

18.【答案】B

【解析】采购服务包括供应品、试剂和消耗材料等,但不包括设备/设施的安装,这是容易误解的项目。

19.【答案】D

【解析】检验检测机构在选择合格供应商时,只需要具备良好质量并可持续信任的单位,不需要通过认证认可,所以选项A、B不正确;服务周到的单位不代表服务能力符合要求,故选项C也不正确。

20.【答案】C

【解析】见《公路水运工程试验检测机构等级标准》表2。这里需要注意的是首先看清楚是“属于”还是“不属于”;其次,还要区分强制性设备和非强制性设备。

21.【答案】D

【解析】见《危险化学品安全管理条例》,这里需要注意的是条例的通过时间。

22.【答案】A

【解析】见《检测和校准实验室能力的通用要求》(GB/T 27025—2008)。

23.【答案】D

【解析】见《公路水运工程试验检测人员继续教育办法(试行)》第一章第一条。注意该办法的上位文件是试验检测管理办法;另外,每个办法、规程、制度的制定一定是有依据的,这是一类问题。

24.【答案】D

【解析】根据《检验检测机构资质认定管理办法》要求作出的判断。

25.【答案】C

【解析】见考试用书表7-1。

26.【答案】A

【解析】见《检验检测机构资质认定管理办法》“文件管理的要求”相关内容。

27.【答案】A

【解析】见考试用书“测量误差与测量不确定度”相关内容。

28.【答案】C

【解析】实际工作中比较混乱，四种选项情况都有出现。为此，质检总局163号令的附件4《检验检测机构资质认定 标志及其使用要求》作出了明确规定。“检验检测机构在资质认定证书确定的能力范围内，对社会出具具有证明作用数据、结果时，应当标注资质认定标志。资质认定标志加盖(或印刷)在检验检测报告或证书封面上部适当位置。”

29.【答案】C

【解析】见《检验检测机构资质认定评审准则》4.5.2。“质量方针声明应经最高管理者授权发布，至少包括下列内容：a)最高管理者对良好职业行为和为客户提供检验检测服务质量的承诺；b)最高管理者关于服务标准的声明；c)管理体系的目的；d)要求所有与检验检测活动有关的人员熟悉质量文件，并执行相关政策和程序；e)最高管理者对遵循本准则及持续改进管理体系的承诺。”选项C应该包含在为客户提供检验检测服务质量的承诺中。

30.【答案】C

【解析】见《公路水运工程试验检测管理办法》第十九条。这类问题需要准确记忆时限。

31.【答案】D

【解析】见《关于进一步加强公路水运工程工地试验室管理工作的意见》第十一条。“(四)工地试验室授权负责人信用等级被评为信用较差的，2年内不能担任工地试验室授权负责人。信用等级被评为信用很差的，5年内不能担任工地试验室授权负责人。”

32.【答案】D

【解析】需要知道压强单位的定义。

33.【答案】D

【解析】这里强调是的是所有申诉、投诉的处理过程及结果归档，无论是什么方式表述的，无论是合理的和不合理。

34.【答案】C

【解析】见《检验检测机构资质认定评审准则》4.2.3。这里注意区分规定、程序、措施的概念。规定是强调预先(即在行为发生之前)和法律效力，用于法律条文中的决定；程序是指事情进行的先后次序，如工作程序；措施即为方法、方式、方案、解决问题的途径。所以选项

C 正确。

35.【答案】A

【解析】见《关于进一步加强公路水运工程工地试验室管理工作的意见》,注意文件对于检测数据的要求。题目中四个选项好像都对,而文件是指的客观性。“公路水运工程工地试验室是工程质量控制和评判的重要基础数据来源,是工程建设质量保证体系的重要组成部分。为进一步加强工地试验室管理,规范试验检测行为,提高试验检测数据的客观性、准确性,保证公路水运工程质量。”

36.【答案】C

【解析】见《关于进一步加强公路水运工程工地试验室管理工作的意见》第六条。“母体试验检测机构应加强对授权工地试验室的管理和指导,根据工程现场管理需要或合同约定,合理配备工地试验室试验检测人员和仪器设备,并对工地试验室试验检测结果的真实性和准确性负责。”参与到工地试验室的单位较多,包括建设单位、监理单位、施工总承包单位、检测单位、监督单位等,谁负有直接责任,应该是母体试验检测机构。

37.【答案】A

【解析】见《数值修约规则与极限数值的表示和判定》(GB/T 8170—2008)。

38.【答案】C

【解析】见《公路水运工程试验检测管理办法》第十二条、第十四条。这里需要注意的是首先看清楚是“属于”还是“不属于”;其次,还要知道初审完成的二作。“第十二条　初审主要包括以下内容:(一)试验检测水平、人员及检测环境等条件是否与所申请的等级标准相符;(二)申报的试验检测项目范围及设备配备与所申请的等级是否相符;(三)采用的试验检测标准、规范和规程是否合法有效;(四)检定和校准是否按规定进行;(五)质量保证体系是否具有可操作性;(六)是否具有良好的试验检测业绩。”“第十四条　现场评审是通过对申请人完成试验检测项目的实际能力、检测机构申报材料与实际状况的符合性、质量保证体系和运转等情况的全面核查。”选项 C 是现场评审内容。

39.【答案】D

【解析】见《公路水运工程试验检测管理办法》第二十二条。换证复核合格的,予以换发新的《等级证书》。不合格的,质监机构应当责令其在 6 个月内进行整改。6 个月换算为 180 天,只是表述方式不一样而已。

40.【答案】C

【解析】见《关于进一步加强公路水运工程工地试验室管理工作的意见》第十条(四)。“实行不合格品报告制度,对于签发的涉及结构安全的产品或试验检测项目不合格报告,工地试验室授权负责人应在 2 个工作日之内报送试验检测委托方,抄送项目质量监督机构,并建立不合格试验检测项目台账。”此条文要注意两点:一是不合格品报告制度,二是上报时限,强调

的是“签发的涉及结构安全的产品或试验检测项目不合格报告”。

二、判断题

1.【答案】不正确

【解析】检定周期属于强制性约束的内容,而校准周期由组织根据使用计量器具的需要自行确定。

2.【答案】不正确

【解析】质量体系是为了实施质量管理所需的组织结构、程序、过程的资源。

3.【答案】不正确

【解析】见《中华人民共和国法定计量单位》(1984 年 2 月 27 日国务院发布)。

4.【答案】正确

【解析】见《数值修约规则与极限数值的表示和判定》(GB/T 8170—2008)。

5.【答案】正确

【解析】见考试用书“常用数理统计工具”相关内容。

6.【答案】不正确

【解析】见《公路水运工程试验检测管理办法》(交通运输部令 2016 年第 80 号)第二章第六条。

7.【答案】不正确

【解析】见考试用书“设备校准结果及运用”相关内容。《公路工程试验检测仪器设备检定/校准指导手册》(2013 年)在Ⅱ类仪器设备的检定/校准服务中,还应该注意区分Ⅱ-1、Ⅱ-2、Ⅱ-3 的不同要求。

8.【答案】不正确

【解析】测量不确定度与测量方法有关,与具体测量得到的数值大小无关。

9.【答案】正确

【解析】见《公路水运工程试验检测信用评价办法(试行)》附件 3。注意区分机构的失信行为扣分标准与人员的失信行为扣分标准不一样。

10.【答案】正确

【解析】见考试用书“实验室管理”相关内容。要求建立合格供应商名单。

11.【答案】不正确

【解析】见《数值修约规则与极限数值的表示和判定》(GB/T 8170—2008)4.3.2。应该采用全数值比较法。

12.【答案】正确

【解析】见《公路水运工程试验检测专业技术人员职业资格制度规定》第十九条。

13.【答案】不正确

【解析】见《公路水运工程试验检测管理办法》第四十三条。检测人员不得同时受聘于两家以上检测机构,不得借工作之便推销建设材料、构配件和设备。

14.【答案】不正确

【解析】是由交通运输部办公厅发布的。这是一个细节问题。发布机构很多,具体到某个文件是什么机构发布的需要细致辨析,尤其是《加强……工作的意见》好像是省级主管机构发布的,实际上不是。

15.【答案】正确

【解析】见《公路水运工程试验检测信用评价办法(试行)》第十一条。注意需要区分机构、人员、工地试验室授权负责人的几种不同评价方法。

16.【答案】正确

【解析】见《检验检测机构资质认定 评审员管理要求》第十三条。“评审员严格禁止有下列行为:(一)未依照《检验检测机构资质认定评审准则》规定的程序或者时限实施评审活动;(二)对同一检验检测机构既实施咨询又实施评审;(三)与所评审检验检测机构有利害关系或者其评审可能对公正性产生影响,未进行回避;(四)透露工作中所知悉的国家秘密、商业秘密和技术秘密;(五)收受和谋取当事人的钱财等其他形式的不当利益;(六)出具虚假或者不实的评审结论。”

17.【答案】正确

【解析】见考试用书“设备校准结果及运用”相关内容。

18.【答案】正确

【解析】见考试用书“设备校准结果及运用”相关内容。

19.【答案】正确

【解析】该手册适用于公路工程等级试验检测机构、工地试验室仪器设备的检定/校准工作,以及质量监督机构对试验检测行业的管理工作。

20.【答案】正确

【解析】申诉的定义。

21.【答案】正确

【解析】见《检验检测机构资质认定管理办法》(质检总局令第163号)。

22.【答案】不正确

【解析】见《检验检测机构资质认定管理办法》(质检总局163号局长令)第十条。资质认定部门应当自受理申请之日起45个工作日内,依据检验检测机构资质认定基本规范、评审准则的要求,完成对申请人的技术评审。

23.【答案】正确

【解析】见《检验检测机构资质认定评审准则》4.5.31。

24.【答案】不正确

【解析】组织合同评审应该是在合同签订前进行。

25.【答案】正确

【解析】对检测能力范围日常检测项目,可采用简化的方式,由收样员进行合同评审,并填写《委托协议书》,双方签字确认。

26.【答案】不正确

【解析】见《公路水运工程试验检测管理办法》(交通运输部令2016年第80号)第三条第三款,已删除"经考试合格"。

27.【答案】正确

【解析】见《检验检测机构资质认定评审准则》4.4.7。

28.【答案】不正确

【解析】见《公路水运工程试验检测管理办法》第三十八条。检测机构依据合同承担公路水运工程试验检测业务,不得转包、违规分包。注意"违规"一词。

29.【答案】不正确

【解析】期间核查的重点测量设备主要包括:1)仪器设备性能不稳定,漂移率大的;2)使用非常频繁的;3)经常携带到现场检测的;4)在恶劣环境下使用的仪器设备;5)曾经过载或怀疑有质量问题的;6)因设备使用频率较低,校准周期长于校准规范规定时间的。

30.【答案】不正确

【解析】见考试用书"仪器设备计量溯源及期间核查"相关内容。

三、多项选择题

1.【答案】BCD

【解析】见《检验检测机构资质认定管理办法》第十八条。"评审组在技术评审中发现有不符合要求时,应当书面通知申请人限期整改,整改期不得超过30个工作日。逾期未完成整改或者整改后仍不符合要求的,相应评审项目应当判定不合格。"

2.【答案】ABC

【解析】见《检验检测机构资质认定评审准则》4.3.1。

3.【答案】ABCD

【解析】见《检验检测机构资质认定评审准则》4.5.17。要注意的是,新准则将"非标准方法和检验检测机构制定的方法"纳入了可以使用的范畴。

4.【答案】ABCD

【解析】见《检验检测机构资质认定评审准则》4.2.8。

5.【答案】ABC

【解析】见《检验检测机构资质认定评审准则》4.5.32。

6.【答案】ABC

【解析】见《计量法》及《计量法实施细则》。

7.【答案】ABC

【解析】见《检验检测机构资质认定评审准则》4.4.5。选项D是可以通过检查、修复解决,但不会影响检测结果。

8.【答案】BCD

【解析】见考试用书“能力验证”相关内容。

9.【答案】ABCD

【解析】见考试用书“常用数理统计工具”相关内容。

10.【答案】ABCD

【解析】校准的内容和项目,只是评定测量装置的示值误差,以确保量值准确。而检定的内容则是对测量装置的全面评定,要求更全面,除了包括校准的全部内容之外,还需要检定有关项目。例如,某种计量器具的检定内容应包括计量器具的技术条件、检定条件、检定项目和检定方法、检定周期及检定结果的处置等。

11.【答案】ABCD

【解析】见考试用书“期间核查”相关内容。

12.【答案】AB

【解析】《国家认监委关于印发检验检测机构资质认定配套工作程序和技术要求的通知》中,管理类的8个文件是:1)检验检测机构资质认定 公正性和保密性要求;2)检验检测机构资质认定 专业技术评价机构基本要求;3)检验检测机构资质认定 评审员管理要求;4)验检测机构资质认定 标志及其使用要求;5)验检测机构资质认定 证书及其使用要求;6)检验检测机构资质认定 检验检测专用章使用要求;7)验检测机构资质认定 分类监管实施意见;8)检验检测机构资质认定 评审工作程序。

评审类的3个文件是:9)检验检测机构资质认定评审准则;10)检验检测机构资质认定 刑事技术机构评审补充要求;11)检验检测机构资质认定。

司法鉴定机构评审补充要求表格类的4个文件是:12)检验检测机构资质认定许可公示表;13)检验检测机构资质认定申请书;14)检验检测机构资质认定评审报告;15)检验检测机构资质认定审批表。

13.【答案】ABD

【解析】见《公路水运工程安全生产监督管理办法》第一章第一条。考生应关注制定管理办法的上位法律法规。

14.【答案】BD

【解析】见考试用书“能力验证结果的统计处理和能力评价”相关内容、CNAS-GL02《能力验证结果的统计处理和能力评价指南》附件 A 检测实验室间能力验证计划的结果处理方法“A.4 总计统计量”。

15.【答案】AD

【解析】见考试用书“试验检测常用术语和定义”相关内容。

16.【答案】ACD

【解析】见标准物质的定义,掌握标准物质的特性。标准物质具有三个显著特点:1)具有特性量值的准确性、均匀性、稳定性;2)量值具有传递性;3)实物形式的计量标准。

17.【答案】AC

【解析】见《检验检测机构资质认定评审准则》4.2.7。这里考查的是机构与人员应该建立合法的关系形式。

18.【答案】AB

【解析】见《中华人民共和国法定计量单位》(1984 年 2 月 27 日国务院发布)。

19.【答案】BCD

【解析】见《中华人民共和国法定计量单位》(1984 年 2 月 27 日国务院发布)。

20.【答案】AC

【解析】见《中华人民共和国法定计量单位》(1984 年 2 月 27 日国务院发布)。

21.【答案】ACD

【解析】计量检定是指为评定计量器具的计量性能,确定其是否合格所进行的全部工作,包括检验和加封盖印等。它是进行量值传递的重要形式,是保证量值准确一致的重要措施。

22.【答案】ABCD

【解析】见《公路水运工程试验检测信用评价办法(试行)》。

23.【答案】ABCD

【解析】见《检验检测机构资质认定评审准则》4.5.14。检测结果再现所需要的信息很多,这里只是举例说明什么是充分的信息。记录还应包括抽样的人员、每项检验检测人员和结果校核人员的标识。观察结果、数据和计算应在产生时予以记录,对记录的所有改动应有改动人的签名或签名缩写。记录可存于任何媒体上。

24.【答案】AD

【解析】见《检验检测机构资质认定评审准则》4.4.6。“无论什么原因,若设备脱离了检验检测机构的直接控制,应确保该设备返回后,在使用前对其功能和校准状态进行核查,并得到满意结果。”

25.【答案】CD

【解析】见《检验检测机构资质认定管理办法》第二十二条。"检验检测机构及其人员从事检验检测活动,应当遵守国家相关法律法规的规定,遵循客观独立、公平公正、诚实信用的原则,恪守职业道德,承担社会责任。"增加了"诚信"方面的内容。这是从业人员的行为规范。

第二部分　道路工程

模拟试题一

说明:1. 本模拟试题设置单选题30道、判断题30道、多选题20道、综合题5道(含25道小题),总计150分;模拟自测时间为150分钟。

2. 本模拟试题仅供考生进行考前自测使用。

一、单项选择题(下列各题中,只有一个备选项最符合题意,请填写最符合题意的一个备选项,选错或不选不得分。每题1分。)

1. 当路面厚度计算以设计弯沉值为控制指标时,竣工验收弯沉值应(　　)设计弯沉值。

A. 不小于　　B. 不大于　　C. 等于　　D. 小于

2. 工程质量评定按(　　)顺序逐级进行。

A. 单位工程、分部工程、分项工程　　B. 分部工程、分项工程、单位工程

C. 单位工程、分项工程、分部工程　　D. 分项工程、分部工程、单位工程

3. 进行石方路基外观鉴定,上边坡不得有松石,不符合要求时,每处减(　　)。

A. 1~2分　　B. 1~3分　　C. 3~4分　　D. 2~3分

4. 公路技术状况分为优、良、中、次、差五个等级,中为(　　)。

A. ≥90　　B. ≥80,<90　　C. ≥70,<80　　D. <70

5. 土的三项基本物理指标不包括(　　)。

A. 比重　　B. 饱和度　　C. 含水率　　D. 密度

6. 受表面张力作用而在土层中运动的水是(　　)。

A. 结晶水　　B. 毛细水　　C. 重力水　　D. 自由水

7. 击实试验是为了获得路基土的最大干密度和(　　)。

A. 最小孔隙率　　B. 最佳含水率

C. 最大孔隙率　　D. 天然稠度

8. 土从液体状态向塑性体状态过渡的界限含水率称为(　　)。

A. 液限　　B. 塑限

C. 缩限　　D. 塑性指数

9. 采用振动台法并根据干土法测定土的最大干密度，测得干土试样质量为25.751kg，天然含水率为10%，试样体积为0.0125241m^3，则该土样的最大干密度为(　　)。

A. 1951.9kg/m^3　　B. 1858.4kg/m^3

C. 2056.1kg/m^3　　D. 2327.8kg/m^3

10. CBR试验中，试样的最大粒径宜控制在20mm以内，最大不得超过(　　)且含量不超过5%。

A. 10mm　　B. 20mm　　C. 30mm　　D. 40mm

11. 标准筛由(　　)种不同孔径的筛子组成。

A. 15　　B. 16　　C. 17　　D. 18

12. 粗集料的堆积密度是指集料按照一定方式装填于容器中，单位堆积体积里所具有的质量。其中堆积体积包括(　　)。

A. 材料实体、开口及闭口孔隙、颗粒间空隙

B. 材料实体、开口孔隙、颗粒间空隙

C. 颗粒间空隙、开口及闭口孔隙

D. 材料实体、开口及闭口孔隙

13. 下列基层与底基层材料中，没有根据力学行为进行分类的是(　　)。

A. 柔性基层　　B. 半刚性基层

C. 刚性基层　　D. 有机结合料稳定类基层

14. EDTA滴定法的化学原理中，第一步是用浓度为(　　)的NH_4Cl弱酸溶出水泥稳定材料中的Ca^{2+}。

A. 5%　　B. 10%　　C. 15%　　D. 20%

15. 下列没有按水泥的用途和性能进行分类的选项为(　　)。

A. 通用水泥　　B. 专用水泥

C. 特性水泥　　D. 普通硅酸盐水泥

16. 现行标准中规定，采用标准维卡仪法测定水泥标准稠度用水量，当试杆沉入的距离正好离底板(　　)时，水泥浆的稠度就是水泥浆标准稠度。

A. 3mm ± 1mm　　B. 4mm ± 1mm

C. 5mm ± 1mm　　D. 6mm ± 1mm

17. 水泥初凝时间的长短主要是对(　　)影响。

A. 混凝土施工工序　　B. 混凝土结构的形成

C. 模具的周转　　D. 混凝土养护时间的长短

18. 水泥胶砂抗压强度以一组三个试件得到的六个抗压强度算术平均值为试验结果,如六个测定值中还有一个超出平均值(　　),舍去该结果,而以剩下五个的平均值为结果。如五个测定值中还有一个超过五个结果的平均值(　　),则该次试验结果作废。

A. ±5%; ±5%　　B. ±10%; ±5%

C. ±10%; ±10%　　D. ±5%; ±10%

19. 根据沥青(　　)的大小划定沥青标号的范围。

A. 针入度　　B. 软化点　　C. 延度　　D. 密度

20. 沥青软化点试验中,当试样软化点小于80℃时,重复性试验的允许差为(　　),复现性试验的允许差为(　　)。

A. 1℃; 8℃　　B. 1℃; 4℃　　C. 2℃; 8℃　　D. 2℃; 4℃

21. 根据经验,击实成型操作中,一个标准马歇尔试件的材料用量约为(　　)。

A. 1000g　　B. 1250g　　C. 4050g　　D. 1200g

22. 计算马歇尔试件的毛体积密度时,计算结果取(　　)位小数。

A. 1　　B. 2　　C. 3　　D. 4

23. 车辙试验时,试件需保持的内部温度为(　　)。

A. 60℃ ±0.1℃　　B. 60℃ ±0.5℃

C. 60℃ ±1℃　　D. 60℃ ±1.5℃

24. 计算沥青混合料最佳沥青用量 OAC_1 时,无需用到的指标是(　　)。

A. 稳定度　　B. 空隙率

C. 饱和度　　D. 矿料间隙率

25. 钻孔法检测厚度的适用范围为(　　)。

A. 基层厚度　　B. 底基层厚度

C. 砂石路面厚度　　D. 水泥混凝土路面板厚度

26. 钻芯法测定沥青面层压实度试验中,测定试件密度时下列说法错误的是(　　)。

A. 将钻取的试件在水中用毛刷轻轻刷净

B. 对于吸水率大于2%的试件,宜采用蜡封法测定试件的毛体积相对密度

C. 对于吸水率小于0.5%特别致密的沥青混合料,施工质量检验时允许采用水中重法测定表观密度

D. 将试件晾干或用电扇吹干不少于12h,直至恒温

27. 自动弯沉仪不适用于(　　)。

A. 新建路面工程的质量检测

B. 改建路面工程的质量检测

C. 在正常通车条件下,有严重坑槽沥青路面的弯沉数据采集

D. 在正常通车条件下，无坑槽、车辙等病害的沥青路面的弯沉数据采集

28. 贝克曼梁测定路基路面回弹弯沉试验，在测试路段布置测点后，应将试验车后轮轮迹对准测点后(　　)处的位置上。

A. 2 ~ 3cm　　B. 3 ~ 4cm

C. 3 ~ 5cm　　D. 3 ~ 6cm

29. 当路面温度为 t(℃)时，测得的摆值 BPN_t 必须按式(　　)换算成标准温度 20℃ 的摆值 BPN_{20}。

A. $BPN_{20} = BPN_t - \Delta BPN$　　B. $BPN_{20} = BPN_t + \Delta BPN$

C. $BPN_{20} = BPN_t \times \Delta BPN$　　D. $BPN_{20} = BPN_t + 2\Delta BPN$

30. 测定半刚性基层透层油渗透深度时，计算单个芯样渗透深度的方法为(　　)。

A. 去掉 3 个最小值，计算其他 5 点渗透深度的算术平均值

B. 去掉 3 个最小值，计算其他 5 点渗透深度的加权平均值

C. 去掉 2 个最小值，计算其他 6 点渗透深度的算术平均值

D. 去掉 2 个最小值，计算其他 6 点渗透深度的加权平均值

二、判断题(请对下列题述观点正确与否进行判断，判断准确得分，否则不得分。每题 1 分。)

1. 水泥稳定粒料基层厚度的检查频率为每 200m 每车道 1 点。

(　　)正确　　(　　)不正确

2. 混凝土强度属于喷锚防护的关键实测项目。

(　　)正确　　(　　)不正确

3. 水泥混凝土路面使用性能包括路面损坏、平整度和抗滑性能。

(　　)正确　　(　　)不正确

4. 混合料加水拌和至碾压终了的时间应大于水泥的终凝时间。

(　　)正确　　(　　)不正确

5. 土中的气体分为与大气相连通的自由气体和与大气隔绝的封闭气体。

(　　)正确　　(　　)不正确

6. 沉降分析法适用于粒径大于 0.075mm 的土颗粒组成。

(　　)正确　　(　　)不正确

7. 在塑限滚搓法中，当土条搓至直径为 3mm 时，其产生裂缝并开始断裂，则这时土条的含水率即为土的塑限含水率。

(　　)正确　　(　　)不正确

8. 土的液限与天然含水率之差和塑性指数之比，称为土的天然稠度。

(　　)正确　　　　　　　　　　　　　　(　　)不正确

9. CBR 是指试料贯入量达 1.5mm 时,单位压力对标准碎石压入相同贯入量时标准强度的比值。

(　　)正确　　　　　　　　　　　　　　(　　)不正确

10. 土回弹模量的测定方法有承载板法和强度仪法。

(　　)正确　　　　　　　　　　　　　　(　　)不正确

11. 通常集料的最大粒径比公称最大粒径大一个粒级。

(　　)正确　　　　　　　　　　　　　　(　　)不正确

12. 细集料筛分试验有水洗法和干筛法。对沥青混合料用细集料必须采用干筛法。

(　　)正确　　　　　　　　　　　　　　(　　)不正确

13. 水泥稳定碎石不属于水泥稳定类材料。

(　　)正确　　　　　　　　　　　　　　(　　)不正确

14. 级配碎石配合比设计以合成集料的 CBR 值作为强度控制指标。

(　　)正确　　　　　　　　　　　　　　(　　)不正确

15. 水泥的细度越大,水化反应和凝结速度就越慢,早期强度就越低。

(　　)正确　　　　　　　　　　　　　　(　　)不正确

16. 测定水泥初凝时间时,当试针沉至距底板 5mm ±1mm 时,表征水泥达到初凝状态。

(　　)正确　　　　　　　　　　　　　　(　　)不正确

17. 维勃时间越长,混凝土拌和物的坍落度就越小。

(　　)正确　　　　　　　　　　　　　　(　　)不正确

18. 根据混凝土立方体抗压强度来确定混凝土强度等级。

(　　)正确　　　　　　　　　　　　　　(　　)不正确

19. 对道路石油沥青,延度试验中要求温度为 15℃或 10℃,拉伸速度通常为 5cm/min ± 0.25cm/min。

(　　)正确　　　　　　　　　　　　　　(　　)不正确

20. 沥青与集料的黏附性好坏的常规评价方法只有水煮法。

(　　)正确　　　　　　　　　　　　　　(　　)不正确

21. 标准马歇尔试件质量按 1200g 计,用 1200g 乘以油石比可得所需沥青的质量。

(　　)正确　　　　　　　　　　　　　　(　　)不正确

22. 马歇尔稳定度是沥青混合料配合比设计的主要技术指标。

(　　)正确　　　　　　　　　　　　　　(　　)不正确

23. 沥青混合料冻融劈裂试验试件的击实次数与标准马歇尔试验试件击实次数相同。

(　　)正确　　　　　　　　　　　　　　(　　)不正确

24. 采用离心分离法测沥青含量时，若试样是路上用钻机法获得时，不得采用锤击，以防集料破碎。

( )正确 ( )不正确

25. 钻孔取芯样法厚度测试，从芯样中取对称的两点测定，取其平均值作为该层的厚度。

( )正确 ( )不正确

26. 贝克曼梁法测定半刚性基层沥青路面或水泥混凝土路面回弹弯沉时，应采用长度为3.6m 贝克曼梁弯沉仪。

( )正确 ( )不正确

27. 使用渗水仪测定渗水系数的过程中，用密封材料对环状密封区域进行密封处理，密封材料进入内圈可以不处理。

( )正确 ( )不正确

28. 路面错台可指相邻水泥混凝土板块接缝间出现的高程突变。

( )正确 ( )不正确

29. 热拌沥青混合料的施工温度测试中，将温度计仔细插入路面混合料压实层一半深度，轻轻压紧温度计旁被松动的混合料，注视温度变化至不再继续上升为止，读记温度。

( )正确 ( )不正确

30. 沥青混合料质量总量检验方法适用于在热拌沥青混凝土路面施工过程中对各层沥青混合料的厚度、矿料级配、油石比及拌和温度进行现场检测。

( )正确 ( )不正确

三、多项选择题（在下列各题的备选答案中，有两个或两个以上的备选项符合题意，请填写符合题意的备选项，选项部分正确按比例得分，出现错误选项该题不得分，完全正确的得满分。每题 2 分。）

1. 下列选项中，属于砂垫层实测项目的是( )。

A. 反滤层设置 B. 压实度

C. 砂垫层厚度 D. 竖直度

2. 下列有关砌石工程的说法中，正确的是( )。

A. 石料质量、规格及砂浆所用材料的质量应符合设计要求，按规定的配合比设计

B. 砌体应边缘直顺，外露表面平整。不符合要求时减 1 ~2 分

C. 砌块应错缝砌筑，相互咬紧。干砌时不松动，无叠砌和浮塞

D. 浆砌时砌块应坐浆挤紧，嵌缝后砂浆饱满，无空洞现象

3. 下列选项中，属于浆砌排水沟实测项目的是( )。

A. 边坡坡度　　B. 沟底高程
C. 断面尺寸　　D. 轴线偏位

4. 土是由(　　)组成的集合体。
A. 固相　　B. 液相
C. 气相　　D. 有机质

5. 土颗粒组成特征应以土的(　　)指标表示。
A. 不均匀系数　　B. 通过率
C. 曲率系数　　D. 公称最大粒径

6. 土体受外力所引起的压缩包括(　　)。
A. 土粒固体部分的压缩
B. 土体内孔隙中水的压缩
C. 水和空气从孔隙中被挤出以及封闭气体被压缩
D. 仅有土体内水和空气的压缩

7. 以下哪个属于集料的具体类型(　　)。
A. 砾石　　B. 碎石
C. 人工砂　　D. 石屑

8. 下面对粗集料压碎值试验的描述,正确的是(　　)。
A. 选用石料若过于潮湿则需加热烘干,烘箱温度不得超过100℃,烘干时间不超过2h
B. 将试样分2次(每次数量大体相同)均匀装入试模中
C. 用2.36mm标准筛筛分经压碎的全部试样,可分几次筛分,均需筛到在1min内无明显的筛出物为止
D. 石料压碎值为试验前试样质量与试验后通过2.36mm筛孔的细料质量的比值

9. 公路路面基层、底基层按结合料类型可划分为(　　)。
A. 结合料稳定类　　B. 无黏结粒料类
C. 有机结合料稳定类　　D. 无机结合料稳定类

10. 下列有关代用法测定水泥标准稠度用水量的说法,错误的是(　　)。
A. 当调整水量法和固定水量法的结果有冲突时,以固定水量法的结果为准
B. 代用法可分为调整水量法和固定水量法
C. 代用法测定水泥标准稠度用水量时要求整个操作必须在1.5min内完成
D. 用代用法中的固定水量法测定水泥标准稠度用水量时,当试锥下沉深度小于15mm时,应改用调整水量法测定

11. 测定水泥安定性的方法有(　　)。
A. 雷氏夹法　　B. 调整水量法

C. 试饼法　　D. 维卡仪法

12. 影响新拌混凝土工作性的主要因素有(　　)。

A. 水灰比　　B. 砂率

C. 组成材料性质　　D. 时间和温度

13. 目前我国针对沥青性能评价的核心指标为(　　)。

A. 针入度　　B. 软化点

C. 沥青耐久性　　D. 延度

14. 沥青混合料的路用性能有(　　)。

A. 高温稳定性　　B. 低温抗裂性

C. 耐久性　　D. 抗滑性

15. 马歇尔稳定度试验中,从恒温水槽取出试件至测出最大荷载值的时间可为(　　)。

A. 20s　　B. 25s　　C. 30s　　D. 35s

16. 沥青混合料目标配合比设计阶段最重要的两方面内容是(　　)。

A. 材料选择　　B. 矿质混合料配合比设计

C. 最佳沥青用量确定　　D. 配合比检验

17. 挖坑法测定路面厚度试验适用于(　　)的检测。

A. 沥青面层厚度　　B. 基层厚度

C. 砂石路面厚度　　D. 水泥混凝土路面板厚度

18. 下列有关灌砂法标定量砂单位质量的测试的说法中,正确的是(　　)。

A. 在此测试整个流砂的过程中,不能碰动灌砂筒,直到储砂筒内的砂不再下流时,将开关关闭

B. 此试验需重复试验 3 次,取其平均值

C. 用水确定标定罐的容积,精确至 1mL

D. 量砂的单位质量 γ_s 是计算试坑体积的关键参数,标定时应以不干扰量砂正常流动,不改变量砂堆积密度为原则

19. 承载板测定土基回弹模量试验中,刚性承载板的板厚和直径一般为(　　)。

A. 板厚 20mm　　B. 板厚 30mm

C. 直径 30cm　　D. 直径 20cm

20. 摆式仪应符合(　　)的要求。

A. 摆及摆的连接部分总质量为 1500g ± 30g

B. 摆动中心至摆的重心距离为 420mm ± 5mm

C. 测定时摆在路面上滑动长度为 126mm ± 1mm

D. 摆上橡胶片端部距摆动中心的距离为 510mm

四、综合题(按所给问题的背景资料,正确分析并回答问题。每大题有5小题,每小题有四个备选项,请从中选出一个或一个以上正确答案,选项全部正确得分,出现漏选或错误选项均不得分。每小题2分。)

1. 关于路基工程质量检验评定,请回答以下问题。

(1)关于土方路基的基本要求,正确的有(　　)。

A. 路基填料应符合规范和设计的规定,经认真调查、试验后合理选用

B. 填方路基须分层填筑压实,每层表面平整,路拱合适,排水良好

C. 施工临时排水系统应与设计排水系统结合,避免冲刷边坡,勿使路基附近积水

D. 在设定取土区内合理取土,不得滥开滥挖

(2)石方路基采用振动压路机分层碾压,压至填筑层顶面石块稳定,(　　)无明显高程差异。

A. 20t以上压路机振压两遍　　B. 20t以上压路机振压三遍

C. 15t以上压路机振压两遍　　D. 15t以上压路机振压三遍

(3)悬臂式和扶壁式挡土墙的外观鉴定描述不正确的有(　　)。

A. 蜂窝、麻面面积不得超过该面面积的0.5%,深度超过2cm的必须处理

B. 裂缝宽度超过设计规定或设计未规定时超过0.15mm必须处理

C. 泄水孔坡度向内,无堵塞现象

D. 沉降缝整齐垂直,上下贯通

(4)锚杆、锚定板和加筋土挡土墙墙背填土距面板1m范围以内压实度规定值为(　　)。

A. 90%　　B. 92%　　C. 94%　　D. 95%

(5)浆砌砌石工程的关键实测项目有(　　)。

A. 砂浆强度　　B. 竖直度

C. 坡度　　D. 断面尺寸

2. 关于路面几何尺寸、平整度、强度及模量、承载能力、抗滑性能测试方法,请回答以下问题。

(1)关于挖坑或钻芯法测定路面厚度试验方法试坑或钻孔的填补说法,正确的有(　　)。

A. 对无机结合料稳定层及水泥混凝土路面板,应按相同配比用新拌的材料分层填补并用小锤压实。水泥混凝土中宜掺加少量快凝早强的外掺剂

B. 对无结合料粒料基层,可用挖坑时取出的材料,适当加水拌和后分层填补,并用小锤压实

C. 对正在施工的沥青路面,用相同级配的热拌沥青混合料分层填补,并用加热的铁锤或热夯压实,旧路钻孔也可用乳化沥青混合料修补

D. 所有补坑结束时,宜比原面层略鼓出少许,用重锤或压路机压实平整

(2)激光平整度仪的测试技术指标是(　　)。

A. h　　B. σ　　C. VBI　　D. IRI

(3)承载板法测试土基回弹模量试验步骤,正确顺序应为(　　)。

①测定土基的压力-变形曲线。

②测定总影响量。

③用千斤顶开始加载,注视测力环或压力表,至预压和稳压,使承载板与土基紧密接触,同时检查百分表的工作情况应正常,然后放松千斤顶油门卸载。

④在紧靠试验点旁边的适当位置,用灌砂法或环刀法等测定土基的密度。

⑤计算各级荷载的回弹变形和总变形。

⑥在试验点下取样,测定材料含水率。

A. ③①⑤⑥②④　　B. ③①②⑤⑥④

C. ③①⑤②⑥④　　D. ③①②⑥⑤④

(4)下列有关弯沉仪的支点变形修正说法,正确的有(　　)。

A. 当采用长度为3.6m的弯沉仪进行弯沉测定时,若支点变形则需要进行支点变形修正

B. 当采用长度为5.4m的弯沉仪测定时,可不进行支点变形修正

C. 当在同一结构层上测定时,可在不同位置测定5次,求取平均值,以后每次测定时以此作为修正值

D. 长度为5.4m和3.6m的弯沉仪测定时均需要进行支点变形修正

(5)用铺砂法测定路面表面构造深度,若细砂没有摊铺好,表面留有浮动余砂或用的砂过粗,则试验结果(　　)。

A. 表面留有浮动余砂,试验结果偏小;若用的砂过粗,试验结果偏小

B. 表面留有浮动余砂,试验结果偏大;若用的砂过粗,试验结果偏大

C. 表面留有浮动余砂,试验结果偏小;若用的砂过粗,试验结果偏大

D. 表面留有浮动余砂,试验结果偏大;若用的砂过粗,试验结果偏小

3. 关于无机结合料稳定材料击实试验方法、试件制作方法(圆柱形)、养生试验方法、无侧限抗压强度试验方法、水泥或石灰剂量测定方法(EDTA滴定法),请回答以下问题。

(1)无机结合料稳定材料击实试验(甲法)步骤,正确顺序应为(　　)。

①齐筒顶细心刮平试样,并拆除底板。

②用刮土刀沿套环内壁削挖(使试样与套环脱离)后,扭动并取下套环。

③进行第1层试样及其余4层试样的击实。

④按预定含水率制备试样。

⑤用脱模器推出筒内试样。

⑥将所需要的稳定剂水泥加到浸润后的试样中。

⑦用工字形刮平尺齐筒顶和筒底将试样刮平。

A. ④⑥③①⑤⑦②　　B. ④⑥③①⑤②⑦

C. ④⑥③②①⑤⑦　　D. ④⑥③②①⑦⑤

(2)有关无机结合料稳定材料试件制作方法(圆柱形)试验准备,正确的有(　　)。

A. 试件的径高比一般为1∶1,根据需要也可成型1∶1.5或1∶2的试件

B. 在预定做试验的前一天,取有代表性的试料测定其风干含水率。对于稳定细粒材料,试样应不少于1000g;对于中、粗粒材料,试样应不少于2000g

C. 对ϕ100mm×100mm的试件,1个试件需干土1700~1900g;对于ϕ150mm×150mm的试件,1个试件需干土5700~6000g

D. 对于稳定细粒材料,一次可称取6个试件所需的土;对于稳定中粒材料,一次宜称取一个试件所需的土;对于粗粒材料,一次只称取一个试件的土

(3)无机结合料稳定材料养生试验方法对养生90d的试件要求试件质量损失应符合(　　)。

A. 稳定细粒材料试件不超过1g　　B. 稳定中粒材料试件不超过5g

C. 稳定粗粒材料试件不超过10g　　D. 质量损失超过规定的试件,应该作废

(4)某无机结合稳定材料7d无侧限抗压强度的试验结果(单位:MPa)见下表,下列说法正确是(　　)。

试件1	试件2	试件3	试件4	试件5	试件6
3.0	2.7	4.4	4.5	2.5	3.3

A. 试件3试验结果不是异常值　　B. 试件3试验结果是异常值

C. 试件4试验结果不是异常值　　D. 试件4试验结果是异常值

(5)有关EDTA滴定法试验操作,正确的有(　　)。

A. 对无机结合料稳定中、粗粒土取试样约3000g,对稳定细粒土取试样约1000g

B. 对水泥或石灰稳定细粒土,称300g放在搪瓷杯中,用搅拌棒将结块搅散,加入10%氯化铵溶液600mL

C. 对水泥或石灰稳定中、粗粒土,可直接称取1000g左右,放入10%氯化铵溶液2000mL

D. 利用所绘制的标准曲线,根据EDTA二钠消耗量,确定混合料中的水泥或石灰剂量

4. 某试验室设计某混凝土配合比,混凝土设计强度等级为C40,强度标准差为4.5MPa。材料供应:42.5级硅酸盐水泥,富余系数$\gamma_c=1.16$,回归系数$a_a=0.47$、$a_b=0.08$,单位用水量为190kg,单位砂用量为557kg/m^3,单位碎石用量为1239kg/m^3。要求最大水灰比限制值为

0.55，最小水泥用量限定值为 280kg/m³，请回答以下问题。

(1)该混凝土的初步配合比为(　　)。

A. 1∶1.20∶2.68，$W/C=0.41$　　B. 1∶1.38∶3.07，$W/C=0.47$

C. 1∶1.46∶3.26，$W/C=0.50$　　D. 1∶1.61∶3.59，$W/C=0.55$

(2)试拌发现混凝土坍落度不满足要求，采取增加 5% 水泥浆用量的措施后，坍落度达到要求，则该混凝土的基准配合比为(　　)。

A. 1∶1.26∶2.81，$W/C=0.46$　　B. 1∶1.31∶2.92，$W/C=0.47$

C. 1∶1.39∶3.10，$W/C=0.48$　　D. 1∶1.45∶3.22，$W/C=0.52$

(3)实测按基准配合比拌和的混凝土拌和物的密度为 2370kg/m³，经强度检验满足设计要求，则该混凝土的试验室配合比为(　　)。

A. 383∶196∶546∶1214　　B. 399∶200∶557∶1239

C. 416∶196∶546∶1214　　D. 433∶200∶557∶1239

(4)施工现场砂的含水率 4%，碎石的含水率 1.5%，则该混凝土的施工现场配合比为(　　)。

A. 383∶156∶568∶1232　　B. 399∶159∶579∶1258

C. 416∶156∶568∶1232　　D. 433∶159∶579∶1258

(5)施工时不慎直接将试验室配合比误用作施工现场配合比，则该混凝土强度下降(　　)。

A. 19.8%　　B. 20.2%　　C. 20.7%　　D. 21.2%

5. 某沥青针入度、延度、软化点试验结果如下表所示，请回答以下问题。

试样编号	技术指标		
	针入度(0.1mm)	延度(cm)	软化点(℃)
1	88	101	50.0
2	90	102	51.0
3	86	103	—
试验结果	88	>100	50.5

(1)沥青针入度试验要求包括(　　)。

A. 其标准试验条件为温度 25℃，测试时间 5s，针的质量 100g

B. 试验开始前，借助反光镜或灯光反射观察，使针尖恰好与试样表面接触

C. 同一试样平行试验至少 3 次，各测试点之间及与盛样皿边缘的距离不应少于 10mm

D. 测定针入度大于 100(0.1mm)的沥青，至少用 3 支标准针，每次试验后将针留在试样中

(2)软化点在 80℃以上的沥青软化点试验(环球法)中在烧杯内注入预先加热至(　　)的甘油。

A. 30℃　　B. 31℃　　C. 32℃　　D. 33℃

(3)沥青延度试验的注意事项包括(　　)。

A. 将隔离剂拌和均匀,涂于清洁干燥的试模底板和试模的内侧表面

B. 用热刮刀自试模的中间刮向两端刮除高出试模的沥青,使沥青面与试模面齐平

C. 在试验过程中,仪器不得有振动,水面不得有晃动

D. 当试样出现上浮或下沉时,应调整水的密度,重新试验

(4)有关沥青针入度、软化点、延度、针入度指数指标说法正确的有(　　)。

A. 针入度值越大,表示沥青黏度越低

B. 软化点越高,表示沥青高温稳定性越好

C. 延度值越大,表示沥青低温抗裂性越好

D. 针入度指数越小,表示沥青的感温性越低

(5)该沥青的针入度指数为(　　)。

A. 0.418　　B. 0.481　　C. 0.814　　D. 0.841

模拟试题二

说明:1. 本模拟试题设置单选题30道、判断题30道、多选题20道、综合题5道(含25道小题),总计150分;模拟自测时间为150分钟。

2. 本模拟试题仅供考生进行考前自测使用。

一、单项选择题(下列各题中,只有一个备选项最符合题意,请填写最符合题意的一个备选项,选错或不选不得分。每题1分。)

1. 下列选项中,不属于沥青面层实测项目的是(　　)。

A. 压实度　　B. 平整度

C. 弯沉值　　D. 沥青用量

2. 反压护道的填筑材料、护道高度、宽度应符合实际要求,压实度不低于(　　)。

A. 85%　　B. 90%　　C. 95%　　D. 100%

3. 为保证混凝土的强度,选用粗集料的最大粒径不得大于结构截面最小尺寸的(　　),同时不得超过钢筋间最小净距的3/4。

A. 1/4　　B. 1/3　　C. 1/2　　D. 3/4

4. 水泥土基层的压实度以(　　)长的路段为检验评定单元。

A. 1 ~ 2km　　B. 1 ~ 3km　　C. 2 ~ 3km　　D. 2 ~ 4km

5. (　　)是指水与土空隙管壁接触时,由于湿润和静电引力作用,在毛细管壁形成的水。

A. 结晶水　　B. 自由水

C. 结合水　　D. 毛细水

6. 当塑性指数为0时,土处于(　　)。

A. 液限　　B. 塑限

C. 缩限　　D. 固态

7. 在土的粒组划分中,粗粒组和细粒组的区分界限为(　　)。

A. 0.065mm　　B. 0.070mm　　C. 0.075mm　　D. 0.080mm

8. 土的直剪试验结果,以垂直压力 p 为横坐标,抗剪强度 s 为纵坐标,将每一试样的最大抗剪强度点绘在坐标纸上,并连成一直线。此直线在纵坐标上的截距为(　　)。

A. 抗剪强度　　B. 垂直压力

C. 摩擦角　　D. 黏聚力

9. 经试验测定,某土层 $P_c > r_z$(P_c 为先期固结压力,r_z 为土的自重压力),则该土层是(　　)土。

A. 正常固结　　B. 超固结

C. 欠固结　　D. 次固结

10. 慢剪试验中,若 1min 内剪切变形不超过(　　),则施加下一级水平荷载。

A. 0.01mm　　B. 0.02mm

C. 0.03mm　　D. 0.04mm

11. 在沥青混合料中,细集料是指粒径小于(　　)的天然砂、人工砂(包括机制砂)及石屑。

A. 1.18mm　　B. 2.36mm　　C. 4.75mm　　D. 9.5mm

12. 集料压碎值用于衡量石料在逐渐增加的荷载下抵抗压碎的能力,是衡量石料(　　)的指标。

A. 物理性质　　B. 化学性质

C. 力学性质　　D. 物理性质与力学性质

13. 级配碎石或砾石用作底基层时,公称最大粒径应不大于(　　)。

A. 26.5mm　　B. 31.5mm　　C. 37.5mm　　D. 42.5mm

14. 对(　　)进行化学分析时,主要是测定有效氧化钙和氧化镁的含量。

A. 石灰　　B. 粉煤灰

C. 水泥　　D. 集料

15. 水泥熟料中加入石膏主要对水泥起到(　　)作用。

A. 降低成本　　B. 提高细度

C. 改善化学性质　　D. 缓凝

16. 代用维卡仪法测定水泥标准稠度用水量时,规定以试锥下沉深度为(　　)时的净浆为标准稠度净浆。

A. 28mm ± 1mm　　B. 30mm ± 1mm

C. 32mm ± 1mm　　D. 36mm ± 1mm

17. 水泥的安定性是一项表示水泥浆体硬化后是否发生不均匀性(　　)变化的指标。

A. 质量　　B. 高度

C. 体积　　D. 长度

18. 国家标准规定,硅酸盐水泥的初凝时间为(　　),终凝时间为(　　)。

A. 不小于 45min;不大于 390min　　B. 不小于 45min;不小于 390min

C. 不大于 45min;不大于 390min　　D. 不大于 45min;不小于 390min

19. 下列对沥青密度与相对密度试验中比重瓶的说法,错误的是(　　)。

A. 玻璃制，瓶塞下部与瓶口须经仔细研磨

B. 比重瓶的质量不超过 40g

C. 比重瓶的容积为 20～30mL

D. 比重瓶水值应经常校正，一般每年至少进行 2 次

20. 采用布氏黏度计法测定沥青表观黏度(以 Pa · s 计)时，沥青在(　　)以上温度范围内。

A. 30℃　　B. 35℃　　C. 40℃　　D. 45℃

21. 一马歇尔试件的质量为 1200g，高度为 66.0mm，制作标准高度为 63.5mm 的试件，混合料的用量应为(　　)。

A. 1152g　　B. 1155g　　C. 1163g　　D. 1246g

22. 马歇尔试验制备的标准试件，直径应符合(　　)。

A. 101.6mm ±2mm　　B. 635mm ±13mm

C. 63.5mm ±1.3mm　　D. 101.6mm ±0.2mm

23. 一组马歇尔稳定度试验测得稳定度为 8.50kN，流值为 22.5mm，则该组试件的马歇尔模数为(　　)。

A. 0.38kN/mm　　B. 0.75kN/mm　　C. 0.19kN/mm　　D. 2.64kN/mm

24. 沥青混合料配合比设计中马歇尔试验结果分析的步骤如下：

①绘制沥青用量与物理力学指标关系图：以沥青用量为横坐标，以密度、空隙率、饱和度、稳定度和流值为纵坐标，将试验结果绘制成沥青用量与各指标的关系曲线图；

②根据稳定度、密度和空隙率确定最佳沥青用量初始值 OAC_1：在图中取相应于稳定度最大值的沥青用量 a_1，相应于密度最大值的沥青用量 a_2，和相应于规定空隙率范围的中值的沥青用量 a_3，取三者的最大值作为最佳沥青用量的初始值 OAC_1；

③根据符合各项技术指标的沥青用量范围确定沥青最佳用量初始值 OAC_2：按满足各项指标选择沥青用量的范围 OAC_{min}～OAC_{max}，取 OAC_{min} 和 OAC_{max} 平均值为 OAC_2；

④一般情况下，OAC_1 和 OAC_2 的平均值即为沥青最佳用量 OAC。

上述叙述中可能存在的错误共有(　　)

A. 一处　　B. 两处　　C. 三处　　D. 四处

25. 下列有关雷达测试路面结构层厚度的说法，错误的是(　　)

A. 雷达发射的电磁波在道路面层传播过程中受环境影响不大

B. 用于检测路面厚度的雷达天线频率一般为 1.0GHz 以上

C. 利用短脉冲雷达进行路面面层厚度的检测，属于无损检测

D. 此种测试方法的工作原理是：利用雷达波在不同物质界面上的反射信号，识别分界面，通过电磁波的走时和在介质中的波速推算相应介质的厚度

26. 牵引连续式平整度仪的速度应保持匀速,速度宜为(   ),最大的不能超过(   )。

A. 3km/h; 10km/h　　B. 3km/h; 12km/h

C. 5km/h; 10km/h　　D. 5km/h; 12km/h

27. 贝克曼梁测定路基路面回弹弯沉试验结果计算时,温度修正后的沥青路面回弹弯沉公式为(   )。

A. $l_r = L + Z_a S$　　B. $l_t = (L_1 - L_2) \times 2$

C. $l_t = (L_1 - L_2) \times 4$　　D. $l_{20} = l_t \times K$

28. 回弹弯沉测定时,左轮百分表初读数 63、终读数 48,右轮初读数 96、终读数 83,则弯沉处理方法和计算结果正确的是(   )。

A. 左、右轮弯沉分别考虑,其值分别为 15、13(0.01mm)

B. 左、右轮弯沉分别考虑,其值分别为 30、26(0.01mm)

C. 取左、右轮弯沉平均值,其值为 14(0.01mm)

D. 取左、右轮弯沉平均值,其值为 28(0.01mm)

29. 计算渗水系数时以水面从 100mL 下降到 500mL 所需时间为标准,若水面下降速度较慢,则可以采用(   )通过的水量计算。

A. 2min　　B. 3min　　C. 4min　　D. 5min

30. 路面错台测试方法用以评价路面的(   )。

A. 承载能力　　B. 平整度

C. 抗滑性能　　D. 行车舒适性能

二、判断题(请对下列题述观点正确与否进行判断,判断准确得分,否则不得分。每题1分。)

1. 工程质量检验评分的评定单元是分部工程。

(   )正确　　(   )不正确

2. 分项工程值取决于实测项目得分值,对实测项目进行评分时,所有项目都应按照数理统计法评分。

(   )正确　　(   )不正确

3. 浆砌排水沟的砌体沟底不得有杂物,不符合要求时,应减 1 ~2 分。

(   )正确　　(   )不正确

4. 土方路基实测项目中的关键项目只有压实度。

(   )正确　　(   )不正确

5. 孔隙率是指土中孔隙体积与土体总体积之比。

(   )正确　　(   )不正确

6. 土的塑性指标包括液限、塑限和塑性指数。

( )正确 ( )不正确

7. 通过相对密度试验结果，可以了解土在自然状态或经压实后的松紧情况和土粒结构的稳定性。

( )正确 ( )不正确

8. 相对下沉系数试验目的是测定黄土(黄土类土)的大孔隙比和相对下沉系数。

( )正确 ( )不正确

9. 土的无侧限抗压强度试验每组试验应制备 4 个或 5 个试样，其密度差值不得大于 $0.05g/cm^3$。

( )正确 ( )不正确

10. 压缩系数 a 越大，土的压缩性就越大。

( )正确 ( )不正确

11. 单位毛体积(含物质颗粒固体及其闭口、开口孔隙体积)粗集料的质量称为毛体积密度。

( )正确 ( )不正确

12. 当集料中二氧化硅含量大于 52% 时，属于酸性集料。

( )正确 ( )不正确

13. 在抗冻性试验过程中，试件的平均质量损失率应不超过 10%。

( )正确 ( )不正确

14. 石灰稳定土类混合料组成设计时，成型好的试件应在规定温度下保温养生 6d，浸水 12h 后，再进行无侧限抗压强度试验。

( )正确 ( )不正确

15. 采用代用维卡仪法测定水泥标准稠度用水量时，要求整个操作不能超过 1.5min。

( )正确 ( )不正确

16. 用雷氏夹法测定水泥安定性时，沸煮箱中的水始终能够没过试件，不可中途补水，同时要保证水在 30min ± 5min 内开始沸腾。

( )正确 ( )不正确

17. 砂率越大，混凝土拌和物的流动性越大。

( )正确 ( )不正确

18. 无论混凝土的抗压强度还是抗折强度，试验结果均以 3 个试件的算术平均值作为测定值。如任一个测定值与中值的差超过中值的 15%，取另外两个测定值的算术平均值作为测定结果。

( )正确 ( )不正确

19. 如果低温延度值较大，则在低温环境下沥青的开裂性相对较大。

( )正确 ( )不正确

20. 黏度是我国划分沥青标号的依据。

( )正确 ( )不正确

21. 沥青混合料马歇尔试验结果中,稳定度与残留稳定度的单位一致。

( )正确 ( )不正确

22. 真空法测定沥青混合料理论最大相对密度时,适合于任何材料性质的沥青混合料。

( )正确 ( )不正确

23. 燃烧炉法测试沥青含量适用于针对热拌沥青混合料施工过程的质量控制,或路面现场钻芯、切割得到的沥青混合料试样的质量评定。

( )正确 ( )不正确

24. 确定沥青混合料最佳沥青用量时,以沥青用量为横坐标,不能用油石比表示。

( )正确 ( )不正确

25. 路面结构层厚度的检测可与压实度的检测同时进行。

( )正确 ( )不正确

26. 用贝克曼梁测定弯沉时,测得的结果可直接应用。

( )正确 ( )不正确

27. 车辙是路面结构层在行车荷载作用下的补充压实以及结构层中材料的侧向位移产生的可恢复变形。

( )正确 ( )不正确

28. 热拌沥青混合料的施工温度包括拌和温度、摊铺温度、碾压温度等,施工温度直接关系到沥青路面的施工质量。

( )正确 ( )不正确

29. 沥青喷洒法施工沥青用量测试方法所用的试验仪具和材料包括:天平或磅秤;受样盘;钢卷尺或皮尺;地秤。

( )正确 ( )不正确

30. 测定半刚性基层透层油渗透深度时,计算单个芯样渗透深度,要去掉3个最小值,计算其他5点渗透深度的加权平均值。

( )正确 ( )不正确

三、多项选择题(在下列各题的备选答案中,有两个或两个以上的备选项符合题意,请填写符合题意的备选项,选项部分正确按比例得分,出现错误选项该题不得分,完全正确的得满分。每题2分。)

1. 下列四个选项中,属于水泥混凝土面层的关键实测项目的是( )。

A. 弯拉强度 B. 板厚度

C. 抗滑构造深度　　D. 相邻板高差

2. 分项工程质量检验内容包括(　　)。

A. 基本要求　　B. 实测项目

C. 外观鉴定　　D. 质量保证资料

3. 下列选项中,属于路肩实测项目的是(　　)。

A. 压实度　　B. 平整度

C. 纵断高程　　D. 宽度

4. 土的含水率试验方法包括(　　)。

A. 烘干法　　B. 酒精燃烧法

C. 比重法　　D. 碳化钙气压法

5. 最大干密度试验适用于采用表面振动压实仪法,测定通过 0.075mm 标准筛的土颗粒质量百分数不大于 15% 的无黏性自由排水(　　)的最大干密度。

A. 细粒土　　B. 中粒土

C. 粗粒土　　D. 巨粒土

6. 下列关于土的击实试验说法正确的是(　　)。

A. 土体积缩小是因为气体排出

B. 土体积缩小是因为水和气体同时排出

C. 击实试验分为轻型击实和重型击实

D. 体积缩小是因为土颗粒被压小

7. 矿质混合料有多种组成设计方法,目前一般习惯于采用(　　)。

A. 图解法　　B. 电子表格法

C. 正规方程法　　D. 试算法

8. 关于细度模数的描述正确的有(　　)。

A. 细度模数在 2.2 ~ 1.6 之间为中砂

B. 细度模数反映的是集料的平均颗粒大小,常用于细集料粗细程度的评定

C. 细度模数越大,表示砂的颗粒越粗

D. 普通混凝土用砂的细度模数范围一般在 3.7 ~ 1.6,以其中的中砂为宜

9. 级配碎石组成设计主要是确定集料的级配及混合料的(　　)。

A. 最佳含水率　　B. 最大干密度

C. 密度　　D. 质量

10. 下列有关水泥凝结时间的说法正确的是(　　)。

A. 水泥的矿物组成和细度会影响水泥的凝结时间

B. 水泥的终凝时间是指从水泥全部加入水中到水泥浆完全失去塑性所需的时间

C. 水泥的终凝时间是指从水泥全部加入水中到水泥浆开始失去塑性所需的时间

D. 水泥的凝结时间分为初凝时间和终凝时间

11. 水泥的强度等级主要是以不同龄期的(　　)进行划分的。

A. 抗拉强度　　B. 抗剪强度

C. 抗压强度　　D. 抗折强度

12. 测得混凝土坍落度值后,通过侧向敲击,进一步观察混凝土坍落体的下沉情况,若混凝土拌和物出现(　　),说明混凝土黏聚性差。

A. 突然折断　　B. 崩坍、石子散落

C. 底部明显有水流出　　D. 表面泌水

13. 沥青薄膜加热试验,根据需要报告残留物的(　　)等各项性质的变化。

A. 针入度及针入度比　　B. 软化点及软化点增值

C. 黏度及黏度比　　D. 老化指数和延度

14. 用来评价沥青混合料的水稳定性的试验有(　　)。

A. 马歇尔稳定度试验　　B. 冻融劈裂试验

C. 沥青与矿料黏附性试验　　D. 车辙试验

15. 一组沥青混合料马歇尔稳定度测试值分别为 8.2kN、8.5kN、9.6kN、14.0kN,应选取(　　)的平均值作为试验结果。($k=1.46$)

A. 8.2kN　　B. 8.5kN　　C. 9.6kN　　D. 14.0kN

16. 对于寒区和旅游区道路,可以在中限 OAC_2 的基础上增加(　　)作为最佳沥青用量。

A. 0.2%　　B. 0.3%　　C. 0.4%　　D. 0.5%

17. 下列有关挖坑法和钻芯法进行厚度检测的说法中,正确的是(　　)。

A. 利用挖坑法测定基层或砂石路面的厚度

B. 钻芯取样法测定厚度时,从芯样中取对称的两点测定,取其平均值作为该层的厚度

C. 钻芯取样法测定路面厚度时,可用直径为 100mm 的钻头

D. 路面取芯钻机钻头的标准直径为 100mm

18. 以连续式平整度仪进行平整度测定时,下列说法正确的是(　　)。

A. 通常以行车道一侧车轮轮迹带作为连续测定的标准位置

B. 对旧路已形成车辙的路面,取一侧车辙中间位置为测定位置

C. 当以内侧轮迹带或外侧轮迹带作为测试位置时,测定的位置距车道标线 60 ~ 80cm

D. 测定间距为 10cm,每一计算区间的长度为 100m

19. 在沥青面层弯沉检测中,下列四种情况可不进行温度修正的有(　　)。

A. 路面温度 15℃，沥青面层厚度 7cm

B. 路面温度 15℃，沥青面层厚度 4cm

C. 路面温度 25℃，沥青面层厚度 10cm

D. 路面温度 25℃，沥青面层厚度 4cm

20.（　　）不宜使用手工铺砂法测定路面构造深度。

A. 具有较多坑槽的沥青路面

B. 具有防滑沟槽结构的水泥路面

C. 具有较大不规则空隙的沥青路面

D. 沥青路面及水泥混凝土路面

四、综合题（按所给问题的背景资料，正确分析并回答问题。每大题有 5 小题，每小题有四个备选项，请从中选出一个或一个以上正确答案，选项全部正确得分，出现漏选或错误选项均不得分。每小题 2 分。）

1. 关于土的颗粒分析试验、CBR 试验、酸碱度试验、烧失量试验、有机质含量试验方法请回答以下问题。

（1）关于土颗粒分析试验（密度计法）说法正确的有（　　）。

A. 酸性土（pH <6.5），30g 土样加 0.5mol/L 氢氧化钠 20mL

B. 中性土（pH =6.5 ~7.5），30g 土样加 0.25mol/L 草酸钠 18mL

C. 碱性土（pH >7.5），30g 土样加 0.083mol/L 六偏磷酸钠 15mL

D. 密度计读数均以弯月面上缘为准。甲种密度计应准确至 1，估读至 0.1；乙种密度计应准确至 0.001，估读至 0.0001

（2）有关土的 CBR 试验方法说法正确的有（　　）。

A. 试样浸润时间：重黏土不得少于 24h；轻黏土可缩短到 12h；砂土可缩短到 1h；天然砂砾可缩短到 2h 左右

B. 加荷使贯入杆以 1 ~1.25mm/min 的速度压入试件，记录测力计内百分表某些读数（如 20、40、60）时的贯入量，并注意使贯入量为 250×10^{-2}mm 时，能有 5 个以上的读数

C. 如果 p-l 关系曲线的开始段是凹曲线，需要进行修正。修正时在变曲率点引一切线，与纵坐标交于 O'点，O'即为修正后的原点

D. 如三个试件结果计算的干密度偏差超过 0.03g/cm^3，则去掉一个偏离大的值，取其余两个结果的平均值

（3）土的酸碱度试验需要用到的试剂有（　　）。

A. pH =4.01 的标准缓冲溶液　　B. pH =6.87 的标准缓冲溶液

C. pH =9.18 的标准缓冲溶液　　D. 饱和氯化钾溶液

(4)土的烧失量试验中重复灼烧称量,至前后两次质量相差小于(　　),即为恒量。

A. 0.5mg　　B. 1mg　　C. 1.5mg　　D. 2mg

(5)土的有机质含量试验方法适用于有机质含量不超过(　　)的土。

A. 10%　　B. 15%　　C. 20%　　D. 25%

2. 某沥青混合料物理力学指标测定结果见下表,请回答以下问题。

油石比(%)	密度(g/cm^3)	VV(%)	VMA(%)	VFA(%)	稳定度(kN)	流值(0.1mm)
3.5	2.470	5.0	15.1	60.0	10.70	19.5
4.0	2.480	4.5	15.2	68.0	11.60	22.0
4.5	2.490	3.8	15.3	73.0	12.50	25.0
5.0	2.480	3.4	15.4	80.0	11.70	28.0
5.5	2.470	2.9	15.5	84.0	10.60	30.0
技术标准	—	3~6	不小于15	70~85	不小于7.5	20~40

(1)关于沥青混合料组成材料技术要求,下列说法正确的有(　　)。

A. 对于渠化交通的道路,或位于路面顶层的沥青混合料应选择标号较低的沥青

B. 沥青混合料用粗集料,可以采用碎石、破碎砾石、筛选砾石、矿渣等

C. 用于拌制沥青混合料的细集料,可以采用天然砂、机制砂或石屑

D. 常用填料大多是采用石灰岩或憎水的强基性岩浆岩,加工磨细制得

(2)关于沥青混合料矿料级配组成设计,下列说法正确的有(　　)。

A. 对夏季温度高、高温持续时间长,重载交通多的路段,宜选用粗型密级配,并取较高的设计空隙率

B. 对冬季温度低且低温持续时间长的地区,或者重载交通较少的路段,宜选用细型密级配,并取较低的设计空隙率

C. 配合比设计时宜适当减少公称最大粒径附近的粗集料用量,减少0.6mm以下部分细粉的用量,使中等粒径集料较多,形成S形级配曲线,并取中等或偏高水平的设计空隙率

D. 设计合成级配不得有太多的锯齿形交错,且在0.3~0.6mm范围内不出现“驼峰”

(3)该沥青混合料的最佳沥青用量 OAC_1 为(　　)。

A. 4.30　　B. 4.31　　C. 4.32　　D. 4.33

(4)该沥青混合料的最佳沥青用量 OAC_2 为(　　)。

A. 4.75　　B. 4.80　　C. 4.85　　D. 4.90

(5)根据 OAC_1 和 OAC_2 综合确定最佳沥青用量 OAC,下列说法正确的有(　　)。

A. 一般情况下,当 OAC_1 和 OAC_2 的结果接近时(差值不超过0.3%个单位),可取两者的平均值作为最佳沥青用量 OAC

B. 当 OAC_1 和 OAC_2 结果有一定差距,则不宜采用平均的方法确定最佳沥青用量 OAC

C. 对热区道路,预计有可能出现较大车辙时,可以在 OAC_2 和 OAC_{min} 的范围内决定最佳沥青用量,但一般不宜小于 OAC_2 的0.5%

D. 对寒区道路、旅游区道路,可以在 OAC_2 和 OAC_{max} 的范围内决定最佳沥青用量,但一般不宜大于 OAC_2 的0.3%

3. 关于工程质量评定方法,请回答以下问题。

(1)在单位工程中,应按(　　)或施工任务划分为若干个分部工程。

A. 结构部位　　B. 材料类型

C. 路段长度　　D. 施工特点

(2)属于分项工程质量不予检验评定内容有(　　)。

A. 缺乏最基本资料,不予检验与评定

B. 外观有严重缺陷,不予检验与评定

C. 经检查不符合基本要求规定时,不予检验与评定

D. 某一检查项目实测合格率小于70%,不予检验与评定

(3)下列实查项目是关键项目的有(　　)。

A. 路基路面压实度　　B. 半刚性基层材料强度

C. 沥青路面弯沉值　　D. 喷射混凝土抗压强度

(4)当分项工程加固、补强后,复评分值为80分,该项工程可评为(　　)。

A. 合格　　B. 不合格

C. 优良　　D. 无法确定

(5)关于路基、基层和底基层压实度评定要求正确的有(　　)。

A. $K \geq K_0$,且单点压实度 K_i 全部大于或等于规定值减2个百分点时,评定路段的压实度合格率为100%

B. 当 $K \geq K_0$,且单点压实度 K_i 全部大于或等于规定极值时,按测定值不低于规定值减2个百分点的测点数计算合格率

C. $K < K_0$,该评定路段压实度为不合格,相应分项工程评为不合格

D. 某一单点压实度 K_i 小于规定极值时,该评定路段压实度为不合格,相应分项工程评为不合格

4. 关于水泥混凝土抗压强度和抗弯拉强度试验,请回答以下问题。

(1)水泥混凝土抗压强度试验方法正确的有(　　)。

A. 以成型时的侧面作为受压面,将混凝土置于压力机中心并位置对中

B. 强度等级小于 C30 的混凝土取 0.3 ~ 0.5MPa/s 的加载速度

C. 强度等级大于 C30、小于 C60 时,则取 0.5 ~ 0.8MPa/s 的加载速度

D. 强度等级大于 C60 的混凝土,取 0.8 ~ 1.0MPa/s 的加载速度

(2)水泥混凝土抗弯拉强度试验试件要求正确的有(　　)。

A. 如果发现试件中部 1/3 长度内有蜂窝等缺陷,则该试件废弃

B. 试件接近破坏而开始迅速变形时,不再增加油门,直至试件破坏

C. 三个试件中如有一个断面位于加荷点外侧,则混凝土抗折强度取另外两个试件的试验结果平均值作为测试结果

D. 如果有两根试件均出现断裂面位于加荷点外侧,则该组结果判为无效

(3)水泥混凝土抗压强度和抗弯拉强度试验注意事项正确的有(　　)。

A. 无论是抗压强度还是抗折强度,试验结果均以 3 个试件的算术平均值作为测定结果

B. 试验时应选择合适的压力机加载量程,否则可能引起较大误差

C. 试验要求的加载速率单位是 MPa/s

D. 试件从养护环境取出后要尽快进行试验,以免试件内部的湿度发生显著改变而影响测定结果

(4)水泥混凝土抗折强度计算公式为(　　)。

A. $FL/(bh^2)$　　B. $Fb/(Lh^2)$　　C. $Fh/(bL^2)$　　D. $Fh/(Lb^2)$

(5)某水泥混凝土抗折强度试验结果分别为:4.4MPa,3.6MPa,3.8MPa,则其抗折强度为(　　)。

A. 3.6MPa　　B. 3.7MPa　　C. 3.8MPa　　D. 3.9MPa

5. 关于路面压实度测试方法,请回答以下问题。

(1)灌砂法测定压实度试验时,试坑上放有基板,计算填满试坑所用砂的质量需要已知(　　)。

A. 灌砂前灌砂筒内砂的质量

B. 灌砂筒下部圆锥体内砂的质量

C. 灌砂后,灌砂筒内剩余砂的质量

D. 灌砂筒下部圆锥体内及基板和粗糙表面间砂的合计质量

(2)灌砂法测定过程中,(　　)操作会使测定结果偏小。

A. 开凿试坑时飞出的石子未捡回

B. 所挖试坑的深度只达到测定层的一半

C. 测定层表面不平整而操作时,未先放置基板测定粗糙表面的耗砂量

D. 标定砂锥质量时，未先流出一部分与试坑体积相当的砂而直接用全部的砂来形成砂锥

(3)环刀法测定压实度试验方法适用于测定细粒土及龄期不宜超过(　　)无机结合料稳定细粒土的密度。

A. 0.5d　　B. 1d　　C. 2d　　D. 7d

(4)用人工取土器测定黏性土及无机结合料稳定细粒土密度的步骤，正确顺序应为(　　)。

①去掉击实锤和定向筒，用镐将环刀及试样挖出。

②擦净环刀外壁，用天平称取环刀及试样合计质量。

③在试验地点，将地面清扫干净，并将压实层铲去表面浮动及不平整的部分，达一定深度，使环刀打下后，能达到要求的取土深度。

④将导杆保持垂直状态，用取土器落锤将环刀打入压实层中，至环盖顶面与定向筒上口齐平为止。

⑤擦净环刀，称取环刀质量。

⑥将定向筒齿钉固定于铲平的地面上，依照顺次将环刀、环盖放入定向筒内与地面垂直。

⑦自环刀中取出试样，取具有代表性的试样，测定其含水率。

⑧轻轻地取下环盖，用修土刀自边至中削去环刀两端余土，用直尺检测直至修平为止。

A. ⑤③①⑥④⑧②⑦　　B. ⑤③④①⑥⑧②⑦

C. ⑤③⑥④②①⑧⑦　　D. ⑤③⑥④①⑧②⑦

(5)采用钻芯法测定沥青面层压实度试验方法测定试件密度，说法正确的是(　　)。

A. 将试件晾干或用电风扇吹干不少于24h，直至恒重

B. 通常情况下采用表干法测定试件的毛体积相对密度

C. 对吸水率大于2%的试件，宜采用蜡封法测定试件的毛体积相对密度

D. 对吸水率小于2%、特别致密的沥青混合料，在施工质量检验时，允许采用水中重法测定表观相对密度

模拟试题三

说明:1. 本模拟试题设置单选题 30 道、判断题 30 道、多选题 20 道、综合题 5 道(含 25 道小题),总计 150 分;模拟自测时间为 150 分钟。

2. 本模拟试题仅供考生进行考前自测使用。

一、单项选择题(下列各题中,只有一个备选项最符合题意,请填写最符合题意的一个备选项,选错或不选不得分。每题 1 分。)

1. 对工程外表状况应逐项进行全面检查,如发现较严重的外观缺陷,应(　　)。

A. 给予减分及整修处理　　B. 只给予减分处理

C. 按不合格处理　　D. 进行重点抽查

2. 下列关于水泥混凝土面层厚度的说法,错误的是(　　)。

A. 板厚度是沥青混凝土面层关键实测项目

B. 仅允许出现负偏差

C. 水泥混凝土板厚度的检查频率为每 100m 每车道 2 处

D. 评定路段内,水泥混凝土面层厚度应该按代表值和单个合格值的允许偏差进行评定

3. 直顺度是路缘石铺设的实测项目,其权值为(　　)。

A. 1　　B. 2　　C. 3　　D. 4

4. 扶壁式挡土墙顶面高程的检测方法和频率分别是(　　)。

A. 经纬仪,每 20m 检查 3 点　　B. 水准仪,每 20m 检查 1 点

C. 吊垂线,每 20m 检查 2 点　　D. 经纬仪,每 20m 检查 1 点

5. 砾类土中细粒组质量为总质量 5% ~15%(含 15%)的土称(　　)。

A. 含细粒土砾　　B. 中粒土砾

C. 粗细粒土砾　　D. 粗粒土

6. 室内击实试验适用于(　　)。

A. 细粒土　　B. 中粒土

C. 粗粒土　　D. 巨粒土

7. 土中的水不包括(　　)。

A. 结晶水　　B. 结合水

C. 化合水　　D. 自由水

8. 下列用于评价土基承载能力的指标是(　　)。

A. 塑性指数　　B. CBR 值

C. 渗透系数　　D. 固结系数

9. 已知土样在 50kPa 和 100kPa 荷载下的孔隙比分别为 1.021 和 0.982,则其压缩系数为(　　)。

A. $0.5MPa^{-1}$　　B. $0.780MPa^{-1}$

C. $0.923MPa^{-1}$　　D. $1.580MPa^{-1}$

10. 已知某土样的黏聚力为 15kPa,剪切滑动面上的法向应力为 45kPa,内摩擦角为 30°,则该土样的抗剪强度为(　　)。

A. 42.5kPa　　B. 46.1kPa

C. 56.54kPa　　D. 65kPa

11. 粗集料坚固性试验中试样所浸入的硫酸钠溶液的体积不应小于试样的总体积的(　　)倍。

A. 1　　B. 2　　C. 3　　D. 5

12. 规准仪法适用于测定大于(　　)的碎石或卵石中,针、片状颗粒的总含量。

A. 1.75mm　　B. 2.75mm　　C. 3.75mm　　D. 4.75mm

13. 碾压贫混凝土 7d 龄期无侧限抗压强度应不低于 7MPa,且不宜高于(　　)。

A. 10MPa　　B. 15MPa

C. 20MPa　　D. 25MPa

14. 对于水泥稳定材料,工地实际采用的水泥剂量宜比室内试验确定的剂量多(　　)。

A. 0.2% ~0.5%　　B. 0.5% ~1.0%

C. 1.0% ~1.5%　　D. 1.5% ~2.0%

15. 硅酸盐水泥熟料中,哪种矿物的含量最大(　　)。

A. 硅酸三钙　　B. 硅酸二钙

C. 铝酸三钙　　D. 铁铝酸四钙

16. 为满足施工要求,水泥凝结时间要求初凝不宜过(　　),而终凝又不宜过(　　)。

A. 长; 短　　B. 长; 长

C. 短; 长　　D. 短; 短

17. 通过采用贯入阻力的测定方法,明确混凝土拌和物的凝结时间,绘制单位面积贯入阻力与测试时间的关系曲线,当贯入阻力为(　　)MPa 和(　　)MPa 时,对应确定混凝土的初凝时间和终凝时间。

A. 3.0; 28　　B. 3.0; 38　　C. 3.5; 28　　D. 3.5; 38

18. 混凝土配合比设计中,水胶比是根据(　　)确定的。

A. 混凝土强度 B. 混凝土工作性

C. 混凝土耐久性 D. 混凝土强度与耐久性

19. 沥青密度与相对密度试验,对黏稠及液体沥青,重复性试验的允许差为(　　),复现性试验的允许差为(　　)。

A. $0.003g/cm^3$; $0.007g/cm^3$ B. $0.003g/cm^3$; $0.006g/cm^3$

C. $0.002g/cm^3$; $0.007g/cm^3$ D. $0.002g/cm^3$; $0.006g/cm^3$

20. 以下情况不适合用B级沥青的有(　　)。

A. 高速公路、一级公路沥青下面层及以下的层次

B. 三级及三级以下公路的各个层次

C. 二级及二级以下公路的各个层次

D. 用作改性沥青、乳化沥青、改性乳化沥青、稀释沥青的基质沥青

21. 若已知沥青混合料的密度,则可根据试件的标准尺寸计算并乘以(　　)得到要求的混合料质量。

A. 1.00 B. 1.01 C. 1.02 D. 1.03

22. 沥青混合料稳定度试验温度是(　　)。

A. 50℃ B. 61℃ C. 65℃ D. 80℃

23. 沥青混合料冻融劈裂试验中,冷冻温度要求为(　　)。

A. −18℃ ±0.5℃ B. −18℃ ±1.0℃

C. −18℃ ±1.5℃ D. −18℃ ±2℃

24. 离心分离法测试沥青混合料沥青含量时,离心机的转速要求为(　　)。

A. 3000r/min B. 2000r/min

C. 1000r/min D. 500r/min

25. 对于挖坑法厚度测试,在选定试验地点时,选一块约(　　)的平坦表面进行挖铲。

A. 20cm×20cm B. 30cm×30cm

C. 40cm×40cm D. 50cm×50cm

26. 对于沥青混合料面层,压实度是指现场实际达到的密度与(　　)之比。

A. 最大干密度 B. 量砂的密度

C. 标准密度 D. 灌砂筒的大小

27. 连续式平整仪测定后,可按每(　　)间距采集的位移值自动计算得每(　　)计算区间的平整度标准差(mm),还可记录测试长度(m)。

A. 10cm; 100m B. 10cm; 50m

C. 20cm; 100m D. 20cm; 50m

28. 落锤式弯沉仪测定路面弯沉,当在路面表面测定时,测点宜布置在(　　)。

A. 行车道中心线　　　　　　　　B. 行车道的轮迹带

C. 行车道左边缘　　　　　　　　D. 行车道右边缘

29. 沥青路面车辙测试方法中，绘制横断面曲线，在图上确定车辙深度 D_1、D_2，以其中的最大值作为(　　)。

A. 该评定路段的最大车辙深度　　　　B. 该评定路段的平均车辙深度

C. 该断面的最大车辙深度　　　　　　D. 该断面的平均车辙深度

30. 3m 直尺测定平整度试验中，测试路段的测试地点选择表述错误的是(　　)。

A. 当为沥青路面施工过程中的质量检测时，测试地点应选在接缝处，以单杆测定评定

B. 除高速公路外，可用于其他等级公路路基路面工程质量检查验收或路况评定，每 200m 测 1 处，每处连续测量 10 尺

C. 除特殊需要外，应以行车道一侧车轮轮迹作为连续测定的标准位置

D. 对于旧路形成车辙的路面，应取车辙中间为测定位置，并做好标记

二、判断题(请对下列题述观点正确与否进行判断，判断准确得分，否则不得分。每题 1 分。)

1. 搭接宽度是防裂工程土工合成材料的实测项目，权值为 3。

(　　)正确　　　　　　　　(　　)不正确

2. 土沟的沟底高程采用水准仪的检测方法，每 200m 测 2 处。

(　　)正确　　　　　　　　(　　)不正确

3. 悬臂式挡土墙的沉降缝应整齐垂直，上下贯通不符合要求时应进行处理，并减 1 ~ 3 分。

(　　)正确　　　　　　　　(　　)不正确

4. 干砌挡土墙的断面尺寸是关键实测项目。

(　　)正确　　　　　　　　(　　)不正确

5. 土的气相主要指土空隙中充填的气体。

(　　)正确　　　　　　　　(　　)不正确

6. 试样中细粒组质量大于或等于总质量 75% 的土称为细粒土类。

(　　)正确　　　　　　　　(　　)不正确

7. 灌水法属于测定密度的常用方法。

(　　)正确　　　　　　　　(　　)不正确

8. 含水率、击实功、压实机具和土粒级配都是影响压实的因素。

(　　)正确　　　　　　　　(　　)不正确

9. 承载板法适用于不同湿度、密度的细粒土及其加固土。

(　　)正确　　　　　　　　(　　)不正确

10. CBR 试验根据 3 个平行试验结果计算得到的承载比变异系数大于 20% 时,则去掉一个偏离大的值,取其余 2 个结果的平均值。

( )正确 ( )不正确

11. 细度模数是划分集料粗细程度的指标,细度模数越大,表示砂的颗粒越粗。

( )正确 ( )不正确

12. 粗集料坚固性试验中,在硫酸钠溶液浸泡 20h 后再放于 110℃ ±5℃的烘箱中烘烤 4h 即完成一个试验循环。

( )正确 ( )不正确

13. 水泥的终凝时间应大于 3h。

( )正确 ( )不正确

14. 无机结合稳定材料无侧限抗压强度试验试件制备时,试模的直径×高 = 100mm×100mm。

( )正确 ( )不正确

15. 采用代用维卡仪法测定水泥标准稠度用水量时,如果固定用水量法和调整用水量法的结果有冲突,以固定用水量法的结果为准。

( )正确 ( )不正确

16. 水泥强度的高低与水泥自身的熟料矿物组成密切相关,但与细度无关。

( )正确 ( )不正确

17. 在用贯入阻力法测定混凝土凝结时间的试验中,装入试模前不需要对混凝土拌和物进行过筛处理。

( )正确 ( )不正确

18. 水泥混凝土配合比设计中,试拌时发现混凝土的坍落度不能满足要求,但黏聚性和保水性却较好,此时应在保持原有水灰比不变的条件下,调整水和水泥用量,直至符合要求为止。

( )正确 ( )不正确

19. 通过加热状态下测定道路石油沥青薄膜加热后的质量损失及针入度薄膜加热试验后残留物的相应试验,据此评价沥青的抗老化性能。

( )正确 ( )不正确

20. 蜡随着温度升高极易融化,使沥青的黏度增加,进而减小沥青的温度敏感性。

( )正确 ( )不正确

21. 沥青饱和度是指压实沥青混合料试件中沥青实体体积占矿料骨架实体以外的空间体积的百分率,又称为沥青填隙率。

( )正确 ( )不正确

22. 沥青混合料试件的空隙率是通过计算所得,其大小与测试方法无关。

(　　)正确　　　　　　　　　　(　　)不正确

23. 对于夏季气温高且持续时间长、重载交通多的路段,宜选用粗型密级配沥青混合料。

(　　)正确　　　　　　　　　　(　　)不正确

24. 沥青混合料最佳沥青用量的初始值 OAC_1 是稳定度、密度、空隙率及饱和度四个指标最大值对应沥青用量的平均值。

(　　)正确　　　　　　　　　　(　　)不正确

25. 用承载板测定土基回弹模量,采用逐级加载、卸载的方式进行测试,当其回弹变形大于1mm时,即可停止加载。

(　　)正确　　　　　　　　　　(　　)不正确

26. 用手工铺砂法测定路面表面构造深度,规定使用0.15~0.3mm的洁净晾干的细砂。量砂只能在路面上使用一次,不宜重复使用。

(　　)正确　　　　　　　　　　(　　)不正确

27. 摆式仪测试摆值时在同一测点处平行测定3次,以3次测定结果的平均值作为该测点的代表值,精确至2。

(　　)正确　　　　　　　　　　(　　)不正确

28. 路面错台的测试以测定的错台读数 D 与各测点的距离绘成的纵断面图中,应标明相应断面的设计纵断面高程,最大错台高度 D_m 应准确至0.01m。

(　　)正确　　　　　　　　　　(　　)不正确

29. 沥青喷洒法施工沥青用量测试试验报告,可不包括洒布沥青用量的逐次测定的值。

(　　)正确　　　　　　　　　　(　　)不正确

30. 承载板法适用于室内测定土基回弹变形值,并经过计算求得土基回弹模量。

(　　)正确　　　　　　　　　　(　　)不正确

三、多项选择题(在下列各题的备选答案中,有两个或两个以上的备选项符合题意,请填写符合题意的备选项,选项部分正确按比例得分,出现错误选项该题不得分,完全正确的得满分。每题2分。)

1. 下列选项中,属于砌石实测项目的是(　　)。

A. 压实度　　　　　　　　　　B. 砂浆强度

C. 顶面高程　　　　　　　　　D. 断面尺寸

2. 下列选项中,属于抗滑桩检测的关键实测项目的是(　　)。

A. 桩长　　　　　　　　　　　B. 桩径

C. 混凝土强度　　D. 孔径或断面尺寸

3. 下列有关基层压实度的说法,正确的是(　　)。

A. 水泥稳定粒料基层压实度的检查频率为每 200m 每车道 2 处

B. 当压实度代表值小于压实度标准值时,评定压实度为不合格

C. 当压实度代表值大于压实度标准值,且单点压实度全部大于或等于规定极值时,按测定值不低于规定值减 2 个百分点的测点数计算合格率

D. 当压实度代表值大于压实度标准值时,则评定路段的压实度合格率为 100%

4. 常用的粒度成分的表示方法有(　　)。

A. 表格法　　B. 筛分法

C. 累积曲线法　　D. 三角形坐标法

5. 击实试验的落锤质量为(　　)。

A. 1.5kg　　B. 2.5kg　　C. 3.5kg　　D. 4.5kg

6. 在滚搓土条的过程中,应注意的是(　　)。

A. 搓滚时须以手掌均匀施压力于土条上

B. 若土条搓成 3mm 时仍未产生裂缝及断裂,应将其重新捏成一团,重新搓滚

C 如土条直径大于 3mm 时即行断裂,应弃去,重新取土加适量水调匀后再搓

D. 若土条在任何含水率下始终搓不到 3mm 即开始断裂,应适当增大土样质量

7. 表干密度是在规定条件下的单位体积物质颗粒的饱和面干质量,其中单位体积包括(　　)。

A. 颗粒间间隙体积　　B. 开口孔隙体积

C. 闭口孔隙体积　　D. 材料的实体矿物成分

8. 对于沥青混合料用粗集料质量技术要求,描述错误的有(　　)。

A. 高速公路及一级公路表面层的洛杉矶磨耗损失应不大于 26%

B. 高速公路及一级公路的其他面层的表观相对密度应不大于 2.50t/m^3

C. 其他等级公路的吸水率应不大于 3.0%

D. 其他等级公路的针片状颗粒含量应不大于 18%

9. 下列关于公路无机结合料稳定材料无侧限抗压强度试验,正确的选项有(　　)。

A. 试件进行 28d 养生

B. 试验过程加载速率为 1mm/min

C. 试件与压力机压头需预先处理,防止加载过程产生较大压力

D. 试件强度不符合要求时,应重新进行混合料配合比设计

10. 测定水泥标准稠度用水量的方法有(　　)。

A. 维勃稠度法　　B. 标准法

C. 比表面积法　　D. 代用法

11. 判断水泥是否合格的指标包括(　　)。

A. 空隙率　　B. 凝结时间

C. 安定性　　D. 强度

12. 水泥混凝土配合比设计步骤包括(　　)。

A. 计算基准配合比　　B. 提出基准配合比

C. 确定试验室配合比　　D 换算施工配合比

13. 我国道路石油沥青的标准指标按所反映的沥青性质不同,主要有(　　)等。

A. 低温抗裂性能指标:延度

B. 分级指标:黏度

C. 高温稳定性能指标:软化点、60℃动力黏度

D. 综合指标:密度、针入度指数、蜡含量、溶解度

14. 标准马歇尔试件质量按 1200g 计,油石比 5.0%,那么沥青和石料质量分别为(　　)。

A. 57g　　B. 60g　　C. 1143g　　D. 1140g

15. 沥青路面所用沥青应根据(　　)来综合选择。

A. 气候条件　　B. 混合料类型

C. 道路等级及交通条件　　D. 路面类型

16. 我国规范采用(　　)来评价沥青混合料的水稳定性。

A. 浸水马歇尔试验　　B. 浸水车辙试验

C. 冻融劈裂试验　　D. 浸水劈裂试验

17. 标定灌砂筒下部圆锥体内砂的质量时,为保证标定时与实际试验时量砂的堆积密度相同,应(　　)。

A. 每次标定及试验需维持装砂质量一样,高度可以不同

B. 每次标定及试验需维持装砂高度一样,质量可以不同

C. 首次流出砂的体积与工地所挖试坑内的体积相当

D. 轻拿轻放,避免晃动储砂筒内的砂

18. 连续式平整度仪自动采集位移数据时,(　　)。

A. 测定间距为 20cm　　B. 测定间距为 10cm

C. 100m 输出一次结果　　D. 1km 输出一次结果

19. 在测定路表弯沉时,我国采用的 BZZ-100 的测试车,其有关参数是(　　)。

A. 后轴标准轴载为 100kN ± 1kN

B. 后轴标准轴载为 60kN ± 1kN

C. 轮胎充气压力为0.70MPa ±0.05MPa

D. 轮胎充气压力为0.50MPa ±0.05MPa

20. 路面错台的测定结果应包括(　　)。

A. 测定的错台读数 D 与各测点的距离绘成的纵断面图

B. 图中标注的设计高程

C. 图中标注的最大错台位置

D. 图中标注的最大错台高度 D_m

四、综合题(按所给问题的背景资料,正确分析并回答问题。每大题有5小题,每小题有四个备选项,请从中选出一个或一个以上正确答案,选项全部正确得分,出现漏选或错误选项均不得分。每小题2分。)

1. 关于路面工程质量检验评定,请回答以下问题。

(1)有关水泥混凝土面层的基本要求正确的有(　　)。

A. 粗细集料、水、外掺剂及接缝填缝料应符合设计和施工规范要求

B. 接缝的位置、规格、尺寸及传力杆、拉力杆的设置应符合设计要求

C. 路面拉毛或机具压槽等抗滑措施,其构造深度应符合施工规范要求

D. 混凝土路面铺筑后按施工规范要求养生

(2)有关沥青混凝土面层的外观鉴定描述正确的有(　　)。

A. 表面应平整密实,不应有泛油、松散、裂缝和明显离析等现象

B. 半刚性基层的反射裂缝可不计作施工缺陷,但应及时进行灌缝处理

C. 搭接处应紧密、平顺,烫缝不应枯焦,不符合要求时,累计长每10m减1分

D. 面层与路缘石及其他构筑物应密贴接顺,不得有积水或漏水现象

(3)水泥稳定粒料(碎石、砂砾或矿渣等)基层和底基层实测项目中,高速公路和一级公路基层压实度的代表值为(　　)。

A. 92%　　B. 94%　　C. 96%　　D. 98%

(4)级配碎(砾)石基层和底基层的关键实测项目有(　　)。

A. 压实度　　B. 厚度

C. 强度　　D. 固体体积率

(5)横向力系数代表值为横向力系数算术平均值的(　　)界限值。

A. 上置信　　B. 下置信

C. 左置信　　D. 右置信

2. 关于粗集料表观密度、毛体积密度、针片状颗粒含量、压碎值、洛杉矶磨耗、坚固性试验方法,请回答以下问题。

(1)粗集料密度试验方法(网篮法)试验步骤正确顺序应为(　　)。

①将吊篮挂在天平的吊钩上,浸入溢流水槽中,向溢流水槽中注水,水面高度至水槽的溢流孔,将天平调零。

②取试样一份装入干净的搪瓷盘中,注入洁净的水,轻轻搅动石料,使附着在石料上的气泡完全逸出。

③在保持表干状态下,立即称取集料的表干质量 m_f。

④调节水温,将试样移入吊篮中,溢流水槽中的水面高度由水槽的溢流孔控制,维持不变,称取集料的水中质量 m_w。

⑤将集料置于浅盘中,放入烘箱中烘干至恒重。取出浅盘,冷却至室温,称取集料的烘干质量 m_a。

⑥提起吊篮,稍稍滴水后,较粗的粗集料可以直接倒在拧干的湿毛巾上。

A. ②①④⑥③⑤　　B. ②④⑥①③⑤

C. ②①③④⑥⑤　　D. ②③①④⑥⑤

(2)有关粗集料针片状颗粒含量试验,说法正确的有(　　)。

A. 对于水泥混凝土用粗集料试验结果,可分别采用针状或片状颗粒进行计算,并得到针、片状颗粒的总含量

B. 对于沥青混合料用粗集料试验结果,仅以针片状颗粒总含量表示

C. 可以用规准仪法替代游标卡尺法判定沥青混合料用粗集料的形状

D. 2.36~4.75mm 粒径属于沥青混合料用粗集料,由于卡尺测量有困难,一般可不作测定

(3)以下粗集料压碎值试验的试验步骤,描述不正确的有(　　)。

①开动压力机,均匀地施加荷载,在10min左右的时间内达到总荷载400kN,稳压5s,然后卸荷。

②将要求质量的试样分3次(每次数量大体相同)均匀装入试模中。

③将试模从压力机上取下,取出试样。

④将装有试样的试模放到压力机上,同时将压头放入试筒内石料面上。

⑤将试筒安放在底板上。

⑥称取通过4.75mm筛孔的全部细料质量。

⑦用4.75mm标准筛筛分经压碎的全部试样。

A. ①②　　B. ①⑥　　C. ⑥⑦　　D. ②⑦

(4)关于粗集料洛杉矶磨耗试验的试验步骤,正确的顺序应为(　　)。

①分级称量,称取总质量 m_1,装入磨耗机圆筒中。

②将计数器调整到零位,设定要求的回转次数。

③将不同规格的集料用水冲洗干净,置烘箱中烘干至恒重。

④对所使用的集料,根据实际情况选择最接近的粒级类别,确定相应的试验条件,按规定的粒级组成备料、筛分。

⑤用水冲干净留在筛上的碎石,置烘箱中烘干至恒重,准确称量 m_2。

⑥选择钢球,将钢球加入钢筒中,盖好筒盖,紧固密封。

⑦取出钢球,将经过磨耗后的试样从投料口倒入接受容器中。

⑧将试样过筛,筛去试样中被撞击磨碎的细屑。

A. ③④①②⑥⑦⑧⑤　　B. ③②④①⑥⑦⑧⑤

C. ③④①⑥②⑦⑧⑤　　D. ③⑥②④①⑦⑧⑤

(5)粗集料坚固性试验中在网篮浸入溶液时,应上下提降(　　)次,以排除试样中的气泡,然后静置于该容器中。

A. 10　　B. 15　　C. 20　　D. 25

3. 某试验室拟设计一组质量比为石灰∶粉煤灰∶土 = 10∶14∶76 的二灰稳定细粒土试件,经击实试验得到的最大干密度为 1.68g/cm^3,最佳含水率为 18%,压实度为 96%,原材中粉煤灰的含水率为 20%,土样含水率为 10%,请回答以下问题。

(1)单个试件的湿质量为(　　)。

A. 158.25g　　B. 164.85g　　C. 186.74g　　D. 194.52g

(2)单个试件石灰的用量为(　　)。

A. 15.8g　　B. 16.5g　　C. 18.7g　　D. 19.4g

(3)单个试件粉煤灰的用量为(　　)。

A. 22.1g　　B. 26.1g　　C. 26.6g　　D. 31.4g

(4)单个试件土的用量为(　　)。

A. 120.3g　　B. 132.3g　　C. 141.9g　　D. 156.1g

(5)单个试件水的用量为(　　)。

A. 12.0g　　B. 14.2g　　C. 28.5g　　D. 33.6g

4. 关于土的击实试验,固结试验,直接剪切试验,无侧限抗压强度试验,粗粒土、巨粒土最大干密度试验,请回答以下问题。

(1)关于土的击实试验方法,说法正确的有(　　)。

A. 轻型击实试验适用于粒径不大于 20mm 的土,重型击实试验适用于粒径不大于 40mm 的土

B. 当土中最大颗粒粒径大于或等于 40mm,并且大于或等于 40mm 颗粒粒径的质量含量大于 5% 时,则应使用大尺寸试筒进行击实试验,或按规定进行最大干密度校正

C. 每次装土量应使击实后的试样等于或略高于筒高的 1/3(分 3 次)或 1/5(分 5 次)

D. 小试筒击实后，试样不应高出筒顶面 5mm；大试筒击实后，试样不应高出筒顶面 6mm

(2)关于土体固结试验(单轴固结仪法)，说法正确的有(　　)。

A. 适用于饱和黏质土；只进行压缩时，允许用非饱和土

B. 荷载等级一般规定为 50kPa、100kPa、200kPa、300kPa 和 400kPa

C. 如需确定原状土的先期固结压力，荷载率宜小于 1

D. 不需测定沉降速率时，则施加每级荷载后 24h，测记试样高度变化作为稳定标准

(3)关于土的无侧限抗压强度试验，说法正确的有(　　)。

A. 在试件两端抹一薄层凡士林，如为防止水分蒸发，试件侧面也可抹一薄层凡士林

B. 应变在 3% 以前，每 0.5% 应变记读百分表读数一次；应变达 3% 以后，每 1% 应变记计百分表读数一次

C. 当百分表达到峰值或读数达到稳定，再继续剪 3% ~5% 应变值即可停止试验。如读数无稳定值，则轴向应变达 20% 的即可停止试验

D. 若最大轴向应力不明显，取轴向应变 15% 处的应力作为该试件的无侧限抗压强度

(4)关于土的直接剪切试验步骤，正确的顺序应为(　　)。

①拔去固定销，开始剪切，并每隔一定时间测记测力计百分表读数，直至剪损。

②将试样小心地推入剪切盒口。

③施加垂直压力，每 1h 测记垂直变形一次。

④当测力计百分表读数不变或后退时，继续剪切至剪切位移为 4mm 时停止，记录下破坏值。

⑤根据工程实际和土的软硬程度施加各级垂直压力，然后向盒内注水。

⑥移动传动装置，使上盒前端钢珠刚好与测力计接触，依次加上传压板、加压框架，安装垂直位移量测装置，测记初始读数。

⑦取出试样，测定其含水率。

A. ②⑤④⑥③①⑦　　　　B. ②⑥⑤③①④⑦

C. ③⑥⑤②④①⑦　　　　D. ④⑤②③①⑥⑦

(5)关于粗粒土、巨粒土最大干密度试验，说法正确的有(　　)。

A. 适用于通过 0.075mm 标准筛的土颗粒质量百分数不大于 15% 的无黏性自由排水粗颗粒和巨粒土

B. 干土法测定过程中，抹平试样表面后可用橡皮锤或类似物敲击几次试筒壁，使试料下沉

C. 湿土法测定过程中，应吸去加重底板上及边缘的所有自由水

D. 当湿土法试验结果比干土法试验结果高时，采用干土法试验结果的平均值作为最

大干密度值

5. 关于路面抗滑性能、渗水、错台、车辙和施工控制测试方法,请回答以下问题。

(1)关于摆式仪测定路面摩擦系数试验步骤,正确的顺序应为(　　)。

①调零。

②仪器调平。

③用喷水壶浇洒测点,使路面处于湿润状态。

④校核滑动长度。

⑤清扫路面。

⑥将摆固定在右侧悬臂上,使摆处于水平释放位置,并把指针拨至右端与摆杆平行处。

⑦按下右侧悬臂上的释放开关,使摆在路面滑过,当摆杆回落时,用手接住读数,但不做记录。

⑧在测点位置用温度计测记潮湿路表温度。

⑨重复以上操作5次。

A. ⑤①②④⑥⑦③⑨⑧　　B. ⑤④②①⑥③⑦⑨⑧

C. ⑤②①④⑦⑥⑨③⑧　　D. ⑤②①④⑥③⑦⑨⑧

(2)关于沥青路面渗水测试,操作正确的有(　　)。

A. 测试过程中,如水从底座与密封材料间渗出,说明底座与路面密封不好,应移至附近干燥路面处重新操作

B. 当水面下降速度较慢,则测定3min的渗水量即可停止

C. 如果水面下降速度较快,在不到3min的时间内到达了500mL刻度线,则记录到达500mL刻度线时的时间

D. 若水面下降至一定程度后基本保持不动,说明基本不透水或根本不透水,应在报告中注明

(3)路面错台测试如无特殊需要,从构造物端部起的2~5m宜每隔(　　)量测一次。

A. 0.1m　　B. 0.2m　　C. 0.5m　　D. 1m

(4)沥青路面车辙测试方法要求激光或超声波车辙仪测点不少于(　　)点。

A. 10　　B. 11　　C. 12　　D. 13

(5)半刚性基层透层油渗透深度测试在透层油基本渗透或喷洒(　　)后,在测试段内随机选取芯样位置,钻取芯样。

A. 24h　　B. 48h　　C. 72h　　D. 96h

模拟试题四

说明:1. 本模拟试题设置单选题30道、判断题30道、多选题20道、综合题5道(含25道小题),总计150分;模拟自测时间为150分钟。

2. 本模拟试题仅供考生进行考前自测使用。

一、单项选择题(下列各题中,只有一个备选项最符合题意,请填写最符合题意的一个备选项,选错或不选不得分。每题1分。)

1. 某分项工程经加固、补强后,评分值为95分,那么该分项工程可评为(　　)。

A. 优　　B. 合格

C. 不合格　　D. 无法评定

2. 在进行排水工程管道基础和管节安装外观鉴定时,管道基础混凝土表面应平整密实,侧面蜂窝不得超过该面积的1%,深度不超过10mm,不符合要求时,减(　　)。

A. 1~2分　　B. 1~3分

C. 2~4分　　D. 2~3分

3. 混凝土抗压强度或砂浆强度是管道基础和管节安装的实测项目中的关键项目,其权值为(　　)。

A. 1　　B. 2　　C. 3　　D. 4

4. 浆砌排水沟实测项目中,轴线偏位的规定值为(　　)。

A. 30mm　　B. 50mm　　C. 70mm　　D. 90mm

5. 已知某土样的天然含水率为25%,塑限为19%,液限为36%,则其液性指数为(　　)。

A. 0.07　　B. 0.18　　C. 0.33　　D. 0.61

6. 巨粒土是指试样中巨粒组质量多于总质量(　　)的土。

A. 10%　　B. 15%　　C. 20%　　D. 25%

7. 重型击实法的落锤高度为(　　)。

A. 15cm　　B. 30cm　　C. 45cm　　D. 60cm

8. 振动台法测定最大干密度时,应分(　　)振实。

A. 两层　　B. 三层

C. 四层　　D. 五层

9. 在烘箱使用过程中的注意事项不包括(　　)。

A. 烘箱内放置试物不宜过密

B. 应频繁打开外门观察工作室内样品情况

C. 操作人员严禁离开加工区

D. 加热器电阻丝之间不能有触碰

10. 对于最小干密度和最大干密度,均需进行两次平行测定,取其算术平均值,其平行误差值不得超过(　　)。

A. $0.01g/cm^3$　　B. $0.02g/cm^3$

C. $0.03g/cm^3$　　D. $0.04g/cm^3$

11. 细度模数在3.0~2.3之间的砂为(　　)。

A. 粗砂　　B. 中砂

C. 细砂　　D. 特细砂

12. 洛杉矶磨耗试验用于测定规定条件下(　　)抵抗摩擦、撞击的综合力学能力。

A. 粗集料　　B. 细集料　　C. 石屑　　D. 天然砂

13. 无机结合料稳定材料振动压实试验方法适用于(　　)的稳定材料。

A. 粗集料含量较多　　B. 粗集料含量较少

C. 细集料含量较多　　D. 细集料含量较少

14. 采用EDTA滴定法测定水泥和石灰稳定材料中水泥或石灰的剂量时,溶液颜色变化为(　　)。

A. 玫瑰红色—紫色—蓝色　　B. 玫瑰红色—蓝色—紫色

C. 紫色—蓝色—玫瑰红色　　D. 蓝色—紫色—玫瑰红色

15. 下列不属于通用硅酸盐水泥的选项为(　　)。

A. 普通硅酸盐水泥　　B. 矿渣硅酸盐水泥

C. 专用水泥　　D. 火山灰硅酸盐水泥

16. 水泥标准稠度测定中,水泥是指(　　)

A. 水泥净浆　　B. 水泥砂浆

C. 水泥混凝土　　D. 以上都是

17. 下列关于水泥凝结时间的说法,正确的是(　　)。

A. 水泥的凝结时间是指水泥浆从最初的可塑状态到开始失去塑性所需时间

B. 水泥的凝结时间是指水泥浆从最初的可塑状态到逐渐失去可塑性所需时间

C. 水泥的凝结时间是指从水泥全部加入水中到水泥浆开始失去塑性所需时间

D. 水泥的凝结时间是指从水泥全部加入水中到水泥浆完全失去塑性所需时间

18. 进行水泥强度检验时,水泥胶砂组成中水泥和标准砂的比例是(　　),水灰比为(　　)。

A. 1∶3；0.50　　B. 1∶3；0.60

C. 1∶4；0.50　　D. 1∶4；0.60

19. 我国规定在(　　)温度条件下进行针入度试验。

A. 20℃　　B. 25℃　　C. 30℃　　D. 35℃

20. 空隙率在18%以上的沥青混合料类型为(　　)。

A. AC　　B. OGFC　　C. SMA　　D. AM

21. 将沥青混合料密度试验的3种方法与它们的适用条件用短线相连后再组合，其正确组合是(　　)。

①表干法；②水中重法；③蜡封法；④试件吸水率小于0.5%；⑤试件吸水率大于2%；⑥蜡封法不能解决的问题；⑦试件吸水率小于2%。

A. ①-⑦，②-④，③-⑤　　B. ①-⑤，②-⑥，③-⑦

C. ①-⑤，②-⑦，③-⑤　　D. ①-⑦，②-④，③-⑥

22. 车辙试验主要是用来评价沥青混合料的(　　)。

A. 高温稳定性　　B. 低温抗裂性

C. 耐久性　　D. 抗滑性

23. 燃烧炉法测试沥青混合料沥青含量时的试验温度为(　　)。

A. 538℃ ±2℃　　B. 538℃ ±3℃

C. 538℃ ±4℃　　D. 538℃ ±5℃

24. 采用马歇尔方法进行沥青混合料配合比设计时，正确的步骤为(　　)。

①估计制备一个马歇尔试件所需拌和料数量，称取拌和好的混合料进行初次击实成型。

②计算出一组试件所需的各原材料用量，在规定的温度下加热待用。

③采用马歇尔仪进行马歇尔试验。

④根据混合料试件吸水率大小，选择合适方法进行混合料密度的测定。

⑤根据初次成型制备的试件高度，进行必要的材料用量修订后，再次击实成型马歇尔试件。

⑥依据道路等级、气候特点、交通状况及路面结构部位等因素，选定适宜的沥青混合料类型。

⑦根据不同沥青用量和各参数之间的变化规律，分析确定最佳沥青用量。

A. ⑦⑥①②⑤④③　　B. ⑦⑥②①⑤③④

C. ⑥①②④⑤③⑦　　D. ⑥②①⑤④③⑦

25. 钻孔采取芯样的直径不宜小于最大集料粒径的(　　)倍。

A. 2　　B. 3　　C. 4　　D. 5

26. 用挖坑法进行路面厚度检测的过程中，首先应进行的步骤是(　　)。

A. 选一块约 40cm×40cm 的平坦表面,用毛刷将其清扫干净

B. 选择适当的工具,开挖这一层材料,直至层位地面

C. 进行检查层厚度的测量

D. 用毛刷将坑底进行清扫,确认为下一层的顶面

27. 下列有关灌砂法测定现场密度的说法中,错误的是(　　)。

A. 灌砂时试洞的深度应为整个碾压层厚度

B. 采用大灌砂筒测定土的含水率时,对于细粒土,不少于 200g;对于中粒土,不少于 1000g

C. 表面粗糙而采用不放基板的测试方法进行测试时,则压实度的检测结果有可能偏大

D. 采用灌砂法测定路面结构层的压实度时,应使试坑深度与标定罐的深度一致

28. 环刀法测定压实度试验中,必须进行两次平行测定,其平行差值不得大于(　　)g/cm^3。

A. 0.02　　B. 0.03　　C. 0.04　　D. 0.05

29. 下列有关现场测定土基回弹模量的说法,错误的是(　　)。

A. 现场测定土基回弹模量的方法主要有承载板法和贝克曼梁法

B. 利用承载板法进行土基回弹模量检测时,需要进行预压,然后再加载

C. 承载板法是利用逐级加载、卸载的方法测出每一级荷载下的土基回弹变形,从而计算出土基回弹模量 E_0

D. 回弹模量的单位为 MN

30. 摆式仪测定的是路面或路面材料试件在(　　)状态下的抗滑能力。

A. 高温　　B. 低温　　C. 干燥　　D. 潮湿

二、判断题(请对下列题述观点正确与否进行判断,判断准确得分,否则不得分。每题1分。)

1. 沥青混凝土面层压实度检查项目的权值为2。

(　　)正确　　(　　)不正确

2. 二级公路无需检查水泥混凝土面层的抗滑性能。

(　　)正确　　(　　)不正确

3. 按《公路工程质量检验评定标准》规定,某等级公路土基压实度标准为95%,当某测点的压实度为90%时,判定该测点不合格并返工。

(　　)正确　　(　　)不正确

4. 路缘石铺设后背填料无需夯打落实。

(　　)正确　　(　　)不正确

5. 比重法适用于砂类土和砾类土。

(　　)正确　　　　　　　　　　(　　)不正确

6. 缩限试验适用于粒径小于0.5mm和有机质含量不超过10%的土。

(　　)正确　　　　　　　　　　(　　)不正确

7. 含水率相同的土样，其所处的状态相同。

(　　)正确　　　　　　　　　　(　　)不正确

8. 在单位体积击实功相同的情况下，同类土采用轻型和重型击实试验的结果不同。

(　　)正确　　　　　　　　　　(　　)不正确

9. 粗粒土的三轴压缩试验适用于测定最大粒径为50mm粗粒土的抗剪强度指标参数。

(　　)正确　　　　　　　　　　(　　)不正确

10. CBR法的适用范围包括路面基层和底基层材料。

(　　)正确　　　　　　　　　　(　　)不正确

11. 对于水泥混凝土，针片状颗粒是指经由针状或片状规准仪判定得出的集料颗粒。

(　　)正确　　　　　　　　　　(　　)不正确

12. 粗集料磨耗试验中，两块试件平均值作为集料磨耗值，如单块试件磨耗值与两块试件平均值之差大于10%，则需重做试验，并以4块的平均值作为集料磨耗值。

(　　)正确　　　　　　　　　　(　　)不正确

13. 硅铝粉煤灰中，CaO含量为10%～40%。

(　　)正确　　　　　　　　　　(　　)不正确

14. EDTA标准曲线用来确定水泥或石灰稳定材料中水泥或石灰的剂量，曲线以同一水泥或石灰剂量稳定材料EDTA消耗量的平均值为纵坐标，以水泥或石灰剂量为横坐标。

(　　)正确　　　　　　　　　　(　　)不正确

15. 硅酸盐水泥中掺入混合料不超过5%的称为Ⅰ型硅酸盐水泥。

(　　)正确　　　　　　　　　　(　　)不正确

16. 水泥凝结时间测定时，当达到凝结时间，要立即重复测定一次，当两次结果不同时以第二次结果为准。

(　　)正确　　　　　　　　　　(　　)不正确

17. 水泥混凝土是由水泥和水按适当比例配合，在需要时加入适宜的外加剂、掺合料等配制而成，其中水泥对混凝土整体起胶凝和骨架作用。

(　　)正确　　　　　　　　　　(　　)不正确

18. 水泥混凝土强度试验中，试件移至标准养护室，养护条件温度20℃±5℃，相对湿度50%以上，直至到规定龄期。

(　　)正确　　　　　　　　　　(　　)不正确

19. 针入度试验中的关键性条件为温度和测试时间。

(　　)正确　　　　　　　　(　　)不正确

20. 当试样软化点小于 80℃时,重复性试验的允许差为 1℃,复现性试验的允许差为 4℃。

(　　)正确　　　　　　　　(　　)不正确

21. 沥青密度与相对密度试验中,将盛有新煮沸并冷却的蒸馏水的烧杯浸入恒温水槽中一同保温,在烧杯中插入温度计,然后将密度瓶及瓶塞放入烧杯中,且烧杯中水的深度不得超过比重瓶顶部 40mm 以上。

(　　)正确　　　　　　　　(　　)不正确

22. 动力黏度很好地反映了沥青在温度条件下的黏滞性,所以一些国家利用 60℃时测得的动力黏度作为沥青分级划分依据,该方法通常采用真空毛细管法。

(　　)正确　　　　　　　　(　　)不正确

23. 沥青用量是指混合料中沥青质量与石料质量的比值。

(　　)正确　　　　　　　　(　　)不正确

24. 车辙试验供沥青混合料配合比设计的高温稳定性检验使用。

(　　)正确　　　　　　　　(　　)不正确

25. 钻芯取芯样厚度测试,钻头的标准直径为 100mm,对基层材料有可能损坏试件时,也可用直径为 150mm 的钻头。

(　　)正确　　　　　　　　(　　)不正确

26. 挖坑及钻芯法测定路面厚度的试验会对路面造成一定的破坏,需做填补处理。

(　　)正确　　　　　　　　(　　)不正确

27. 贝克曼梁法与落锤式弯沉仪法的测试原理相同。

(　　)正确　　　　　　　　(　　)不正确

28. 落锤式弯沉仪法可以通过改变落锤的体积和落锤的落高来对路表施加不同级位的荷载。

(　　)正确　　　　　　　　(　　)不正确

29. 渗水系数是指在规定的初始水头压力下,单位时间内渗入规定路面的水的体积,以 mL/min 计。

(　　)正确　　　　　　　　(　　)不正确

30. 热拌沥青混合料的施工温度测试中,压实温度一次检测不得少于 3 个测点,取平均值作为测试温度。

(　　)正确　　　　　　　　(　　)不正确

三、多项选择题(在下列各题的备选答案中,有两个或两个以上的备选项符合题意,请填写符合题意的备选项,选项部分正确按比例得分,出现错误选项该题不得分,完全正确的得满分。每题2分。)

1. 下列选项中,属于水泥稳定碎石需检测项目的是(　　)。

A. 弯沉值　　B. 压实度

C. 平整度　　D. 强度

2. 下列四个选项中,(　　)是级配碎(砾)石基层的关键实测项目。

A. 压实度　　B. 厚度

C. 平整度　　D. 横坡

3. 下列有关基层厚度评定的说法,正确的是(　　)。

A. 水泥稳定粒料基层厚度按代表值和单个合格值的允许误差进行评定

B. 按规定频率,采用挖验和钻取芯样测定厚度

C. 一级公路和二级公路的保证率不同

D. 厚度代表值为厚度的加权平均值的下置信界限值

4. 在土的工程分类中,特殊土包括(　　)。

A. 黄土　　B. 红黏土

C. 盐渍土　　D. 冻土

5. 土层的天然固结状态可分为(　　)。

A. 超固结状态　　B. 正常固结状态

C. 次固结状态　　D. 欠固结状态

6. CBR 试验制件时,制备的 3 组试件每层击实次数分别为(　　)次。

A. 30　　B. 50　　C. 59　　D. 98

7. 粗集料磨耗试验的洛杉矶法是测定标准条件下粗集料抵抗(　　)的能力的试验,以磨耗损失(%)表示。

A. 摩擦　　B. 磨耗

C. 撞击　　D. 压碎

8. 下述关于道瑞磨耗试验的说法,正确的是(　　)。

A. 制作试件时,试模中排布的集料颗粒不得少于 24 块

B. 填充集料颗粒之间空隙的细砂高度约为颗粒高度的 3/4

C. 环氧树脂中应按比例加入固化剂,再加入 0.2 ~ 0.45mm 的细砂拌和均匀,要求三者比例为:环氧树脂: 固化剂: 细砂 = 1g: 0.25mL: 3.8g

D. 磨耗机转盘转动 500 圈,不可分 5 个 100 圈重复 5 次磨完

9. 无机结合料稳定材料取样的目的是(　　)。

A. 适用于室内试验、配合比设计以及施工过程中的质量抽检

B. 取样方法有四分法和分料器法

C. 样品要能代表一个大的总体的平均情况

D. 样品代表总体一小部分,通过样品研究材料性质的变异性

10. 下列水泥不能用于配制严寒地区处在水位升降范围内混凝土的是(　　)。

A. 普通硅酸盐水泥　　B. 矿渣水泥

C. 火山灰水泥　　D. 粉煤灰水泥

11. 下列有关水泥安定性的说法,正确的是(　　)。

A. 安定性是水泥的一项物理性质

B. 水泥安定性不良可能对水泥结构造成严重的结构破坏,因此必须测定水泥的安定性

C. 水泥中有害成分(如游离氧化钙和游离氧化镁)含量过多,在水泥硬化过程中或硬化后引起水泥石内部体积膨胀,可能引发水泥石结构的严重破坏

D. 如果水泥的安定性不良,但其他指标均合格,则该水泥仍为合格水泥

12. 新拌水泥混凝土的工作性主要包括(　　)。

A. 流动性　　B. 可塑性

C. 稳定性　　D. 易密性

13. 针入度试验的三项关键性条件是(　　)。

A. 温度　　B. 时间

C. 针质量　　D. 溶剂

14. 以下是水煮法操作步骤的有(　　)。

A. 集料过13.2mm、9.5mm的筛,取粒径9.5~13.2mm形状规则的集料200g,洗净并在105℃的烘箱中烘干备用

B. 将集料过13.2mm、19mm的筛,取存留在13.2mm筛上的颗粒5个,要求试样表面规整、接近立方体

C. 用细线将试样集料颗粒逐个系牢,继续放入105℃的烘箱中加热待用

D. 按四分法称取备用试样颗粒100g置搪瓷盘上,连同搪瓷盘一起放入已升温至沥青拌和温度以上5℃的烘箱中持续加热1h

15. 表干法测试马歇尔试件毛体积密度的标准温度为(　　),试件浸水时间可为(　　)。

A. 24.0℃;2min　　B. 24.5℃;3min

C. 25.0℃;4min　　D. 25.5℃;5min

16. 随着沥青含量的增加,以下指标不会出现峰值的是(　　)。

A. 稳定度　　B. 空隙率

C. 饱和度　　D. 流值

17. 下列四个选项中，(　　)是路面结构层厚度的测试方法。

A. 挖坑法　　B. 钻芯法

C. 短脉冲雷达测试法　　D. 挖坑灌砂法

18. 下列有关标定灌砂筒下部圆锥体内砂的质量的说法中，正确的是(　　)。

A. 向灌砂筒内装砂应距筒顶距离 10mm 左右位置，之后称取筒内砂的质量

B. 进行此标定试验时，应使灌砂筒筒底的流砂孔、圆锥形漏斗上端开口圆孔及开关铁板中心的圆孔上下对准，在灌砂之后让砂自由流出

C. 流出砂的体积应与工地所挖试坑内的体积相当

D. 将灌砂筒移到玻璃板上，让砂流出；当砂不再下流时，关上开关，取走灌砂筒，留在玻璃板上的砂即是填满筒下部圆锥体的砂

19. 现场测定土基回弹模量的方法主要有(　　)。

A. 承载板法　　B. CBR 法

C. 贝克曼梁法　　D. 灌砂法

20. 回弹弯沉测试中，应对测试值进行修正，其中包括(　　)。

A. 采用 3.4m 的弯沉仪对半刚性基层沥青路面进行测定的支点修正

B. 绘制曲线起始部分出现反弯进行的原点修正

C. 非不利季节测试的季节修正

D. 沥青面层厚度大于 5cm 且路面温度超过(20 ± 2)℃范围时的温度修正

四、综合题(按所给问题的背景资料，正确分析并回答问题。每大题有 5 小题，每小题有四个备选项，请从中选出一个或一个以上正确答案，选项全部正确得分，出现漏选或错误选项均不得分。每小题 2 分。)

1. 关于路面钻芯取样、压实度、平整度、强度及模量、承载能力测试方法，请回答以下问题。

(1)路面钻芯取样方法钻孔采取芯样的直径不宜小于最大集料粒径的(　　)倍。

A. 1　　B. 2　　C. 3　　D. 5

(2)某路段压实度检测结果为：平均值 96.3%，标准偏差 2.2%，则压实度代表值为(　　)。(注：$t_\alpha/\sqrt{n}=0.518$)

A. 92.7%　　B. 95.2%　　C. 97.4%　　D. 99.9%

(3)连续平整度仪可记录(　　)。

A. 测试长度

B. 曲线振幅大于某一定值的次数

C. 曲线振幅的单向(凸起或凹下)累计值

D. 以 3m 机架为基准的中点路面偏差曲线图

(4)在用承载板法测试土基回弹模量试验中,下列说法正确的有(　　)。

A. 安置承载板前,应在土基表面撒一层细砂

B. 荷载小于 0.1MPa 时,每级增加 0.02MPa,以后每级增加 0.04MPa 左右

C. 各级压力的回弹变形值加上该级的影响量后,则为计算回弹变形值

D. 如果 p-l 曲线起始部分出现反弯,应进行原点修正

(5)下列关于贝克曼梁测定路基路面回弹弯沉试验方法,说法正确的是(　　)。

A. 当路面平均温度不在 20℃ ±2℃以内,对沥青层厚度大于 5cm 的沥青路面,弯沉值应进行温度修正

B. 弯沉仪只能是单侧测定,双侧同时测定不能适用

C. 当表针转动到最大值时,迅速读取初读数 L_1。待表针回转稳定后,再次读取终读数 L_2

D. 当采用长度为 5.4m 的弯沉仪测定时,可不进行支点变形修正

2. 关于沥青混合料马歇尔试件制作,密度、马歇尔稳定度、车辙试验,请回答以下问题。

(1)沥青混合料试件制作方法(击实法)要求包括(　　)。

A. 试验室成型的一组试件的数量不少于 4 个,必要时宜增加至 5 ~6 个

B. 大部分聚合物改性沥青,混合料的拌和与压实温度通常比普通沥青提高 10 ~20℃

C. 将各种规格的矿料置于 105℃ ±5℃的烘箱中烘干至恒重(一般不少于 4 ~6h)

D. 沥青混合料保持在要求的拌和温度范围内,标准的总拌和时间为 3min

(2)沥青混合料试件制作方法(击实法)成型步骤正确顺序应为(　　)。

①插入温度计至混合料中心附近,检查混合料温度。

②在装好的混合料上面垫一张吸油性小的圆纸。

③用小铲将混合料铲入试模中,插捣后将沥青混合料表面整平。

④将装有击实锤及导向棒的压实头放入试模中。

⑤试件击实一面后,以同样的方法和次数击实另一面。

⑥将试模装在底座上,放一张圆形的吸油性小的纸。

⑦待将试模连同底座一起放在击实台上固定。

A. ③①②⑥⑦④⑤　　B. ⑥③①⑦②④⑤

C. ③①⑥②⑦④⑤　　D. ⑥⑦③①②④⑤

(3)压实沥青混合料密度试验方法包括(　　)。

A. 表干法　　B. 水中重法

C. 蜡封法　　　　D. 体积法

(4)沥青混合料马歇尔稳定度试验要求包括(　　)。

A. 用马歇尔试件高度测定器或用卡尺在十字对称的4个方向量测离试件边缘10mm处的高度,准确至0.1mm,并以其平均值作为试件的高度

B. 如试件高度不符合63.5mm±1.3mm或95.3mm±2.5mm要求或两侧高度差大于2mm,此试件应作废

C. 从恒温水箱中取出至测出最大荷载值的时间,不得超出30s

D. 浸水马歇尔试验中试件在已达规定温度恒温水槽中的保温时间为24h

(5)沥青混合料车辙试验注意事项包括(　　)。

A. 将试件连同试模一起,置于已达到试验温度(60℃±1℃)的恒温室中,保温不少于5h,也不得多于24h

B. 试验轮行走方向须与试件碾压或行车方向一致

C. 如果在未到60min试件变形已达到20mm时,则以达到20mm时的时间为t_2

D. 当3个试件动稳定度变异系数小于20%时,取其平均值作为试验结果

3. 某水泥混凝土用砂样筛分数据如下表所示:

筛孔尺寸(mm)	4.75	2.36	1.18	0.6	0.3	0.15	0.075
筛余量(g)	10	150	75	110	130	20	5

关于细集料筛分试验方法、筛分结果的计算、细度模数的计算、砂粗细程度的判定,请回答下列问题。

(1)细集料筛分试验需要注意的有(　　)。

A. 对水泥混凝土用砂可采用干筛法,如果需要也可采用水筛法筛分

B. 不能以水泥混凝土用砂的筛分方式代替沥青混合料的筛分

C. 砂的粗细程度改变,对水泥混凝土的影响程度远不如对沥青混合料影响程度大

D. 干筛法中所有各筛上存留量加上底盘上保留质量之和与筛分试验用量相比,其差不得超过总质量的1%

(2)有关细集料筛分试验结果计算,描述正确的有(　　)。

A. 分计筛余百分率是指某孔径筛上的筛余质量占试样总质量的百分率

B. 通过百分率是指通过某一筛孔的试样质量占总质量的百分率,在数值上等于100减去该孔径筛的累计筛余百分率

C. 细度模数由规定的数个筛上的累计筛余百分率计算得到,细度模数越大,表示砂的颗粒越粗

D. 进行两次平行试验,以试验结果的算术平均值作为测定值,如两次试验所得的细度

模数之差大于0.2,应重新进行试验

(3)该砂0.6mm筛的累计筛余百分率为(　　)。

A.22%　　B.31%　　C.47%　　D.69%

(4)该砂的细度模数为(　　)。

A.2.9　　B.3.0　　C.3.2　　D.3.4

(5)根据细度模数判断该砂为(　　)。

A.粗砂　　B.中砂　　C.细砂　　D.特细砂

4.关于土的颗粒分析试验、密度试验、含水率试验、界限含水率试验、天然稠度试验方法,请回答以下问题。

(1)关于土颗粒分析试验(筛分法),说法正确的有(　　)。

A.筛后各级筛上和筛底土总质量与筛前试样质量之差,不应大于1%

B.如2mm筛下的土不超过试样总质量的10%,可省略细筛分析,如2mm筛上的土不超过试样总质量的10%,可省略粗筛分析

C.将大于2mm颗粒及2~0.075mm的颗粒质量从原称量的总质量中减去,即为小于0.075mm颗粒质量

D.如果小于0.075mm颗粒质量超过总土质量的10%,有必要时,将这部分土烘干、取样,另做密度计或移液管分析

(2)有关土的密度试验方法,说法正确的有(　　)。

A.环刀法操作简便而准确,在室内和野外都得到广泛采用,但当针对坚硬、易碎、含有粗粒、形状不规则的土样时,不宜采用环刀法

B.蜡封法试验中若试件蜡膜上有气泡,需用热针刺破气泡,再用石蜡填充针孔,涂平孔口

C.灌砂法在凿洞过程中,应注意不使凿出的试样丢失,并随时将凿松的材料取出,放在已知质量的塑料袋内,密封

D.灌水法在往薄膜形成的袋内注水时,牵住薄膜的某一部位,一边拉松,一边注水,使薄膜与坑壁间的空气得以排出,从而提高薄膜与坑壁的密贴程度

(3)某砂土样含水率烘干法测定结果为23.5%,酒精燃烧法测定结果为19.6%,造成酒精燃烧法测定结果比烘干法测定结果小的原因可能在于(　　)。

A.酒精纯度低于95%

B.酒精未充分燃烧

C.注入称量盒里的酒精量不够

D.酒精燃烧法不适用于砂土

(4)关于土的界限含水率试验方法,说法正确的有(　　)。

A. 在液塑限联合测定法试验中，若采用100g锥做液限试验，则在 h-w 图上查得纵坐标入土深度 $h=17\text{mm}$ 所对应的横坐标的含水率 w，即为该土样的液限含水率 w_L

B. 在液限碟式仪法试验中，根据试验结果，以含水率为纵坐标，以击实次数的对数为横坐标，绘制曲线，查得曲线上击数25次对应的含水率，即为该试样的液限

C. 在塑限滚搓法试验中，当搓到土条直径恰好为3mm左右时，土条自动断裂为若干段，此时土条的含水率即为塑限

D. 缩限：含水率达液限的土在105～110℃下水分继续蒸发至体积不变时的含水率

(5)某土样的液限 w_L 为41%，塑限 w_P 为27%，天然含水率 w 为35.7%，则该土样的天然稠度 w_C 为(　　)。

A. 0.20　　B. 0.21　　C. 0.38　　D. 0.62

5. 关于水泥细度、标准稠度用水量、凝结时间、安定性、胶砂强度试验，请回答以下问题。

(1)水泥细度的试验方法包括(　　)。

A. 负压筛法　　B. 水筛法

C. 比表面积法　　D. 李氏比重瓶法

(2)下列水泥标准稠度用水量测定的注意事项，正确的是(　　)。

A. 采用标准法时，当试杆沉入净浆距底板6mm ±1mm时，该水泥净浆为标准稠度净浆

B. 采用代用法时，以试锥下沉深度为30mm ±1mm时的净浆为标准稠度净浆

C. 采用代用法时，如果固定用水量法的结果和调整用水量法的结果有冲突，以固定用水量法的结果为准

D. 采用固定用水量法不适宜试锥下沉深度仅为13mm的水泥

(3)有关水泥凝结时间检验方法，说法正确的是(　　)。

A. 记录净浆搅拌时水泥全部加到水中的时刻，作为测定凝结时间的起始时间

B. 当试针下沉至距底板4mm ±1mm时，表征水泥达到初凝状态

C. 当只有试针在水泥表面留下痕迹，而不出现环形附件的圆环痕迹时，表征水泥达到终凝状态

D. 达到凝结时间时，要立即重复测定一次，只有当两次测定结果都表示达到初凝或终凝状态时，才可认定

(4)有关水泥安定性检验方法的结果判别，说法正确的是(　　)。

A. 雷氏夹法安定性测定，当两个雷氏夹试件沸煮后指针尖端增加的距离($C-A$)的平均值不大于5.0mm时，则认为该水泥安定性合格

B. 雷氏夹法安定性测定，当两个雷氏夹试件沸煮后指针尖端增加的距离($C-A$)的平均值超过5.0mm时，则应再做一次试验，以复检结果为准

C. 试饼法安定性测定,目测试饼未发现裂缝,且用钢尺测量没有弯曲透光时,则认为相应水泥安定性合格

D. 当雷氏夹法和试饼法试验结果相矛盾时,以雷氏夹法的结果为准

(5)水泥胶砂强度检验方法(ISO 法)要求每锅胶砂材料组成为:水泥∶标准砂∶水 =(　　)。

A. 225g∶675g∶450mL　　B. 225g∶1350g∶450mL

C. 450g∶675g∶225mL　　D. 450g∶1350g∶225mL

参考答案及解析

模拟试题一

一、单项选择题

1.【答案】B

【解析】竣工验收弯沉值是检验路面是否达到设计要求的指标之一，当路面厚度计算以设计弯沉值为控制指标时，竣工验收弯沉值应小于或等于设计弯沉值。所以答案为B。

2.【答案】D

【解析】在分项工程评分的基础上，逐级计算为各相应分部工程、单位工程、合同段和建设项目的评分值。所以答案为D。

3.【答案】A

【解析】上边坡不得有松石，不符合要求时，每处减1~2分。路基边线直顺，曲线圆滑，不符合要求时，单向累积长度每50m减1~2分。所以答案为A。

4.【答案】C

【解析】公路技术状况分为优、良、中、次、差五个等级，中为≥70，<80。所以答案为C。

5.【答案】B

【解析】工程设计和工程检验中，常用土的物理性质指标有：土的密度(湿密度)、土颗粒比重、饱和密度、干密度、浮密度、含水率、孔隙比、孔隙率、饱和度共9个。土的指标中，土的比重、土的密度、土的含水率是由试验室直接测量其数值，是实测指标，同时也是土的三相基本物理指标，其他指标是换算指标。所以答案为B。

6.【答案】B

【解析】当土粒间的孔隙形成细小的不同通道时，由于水的表面张力作用，在土中引起了毛细现象，微管道中的水被称为毛细水。所以答案为B。

7.【答案】B

【解析】击实试验是为了获得路基土压实的最大干密度和相应的最佳含水率。所以答案为B。

8.【答案】A

【解析】液限是指土从液体状态向塑性体状态过渡的界限含水率。所以答案为A。

9.【答案】C

【解析】干土法计算土的最大干密度公式为:$\rho_{dmax}=\frac{M_d}{V}$。其中,$M_d$ 为干土质量,V 为试样体积,则可以计算得到土样的最大干密度为 2056.1kg/m^3。所以答案为 C。

10.【答案】D

【解析】试样的最大粒径宜控制在 20mm 以内,最大不得超过 40mm 且含量不超过 5%。所以答案为 D。

11.【答案】C

【解析】标准筛由 17 种不同孔径的筛子组成。所以答案为 C。

12.【答案】A

【解析】堆积体积包括材料实体、开口及闭口孔隙、颗粒间空隙。所以答案为 A。

13.【答案】D

【解析】基层与底基层材料根据力学行为,可分为柔性基层、半刚性基层和刚性基层。所以答案为 D。

14.【答案】B

【解析】EDTA 滴定法的化学原理是:先用 10% 的 NH_4Cl 弱酸溶出水泥稳定材料中的 Ca^{2+}。所以答案选 B。

15.【答案】D

【解析】水泥按用途和性能,可分为通用水泥、专用水泥和特性水泥。所以答案为 D。

16.【答案】D

【解析】我国现行标准规定:水泥标准稠度测定方法是让标准试杆沉入水泥净浆,当试杆沉入的距离正好离底板 6mm ± 1mm,此时水泥浆的稠度就是水泥浆标准稠度。所以答案为 D。

17.【答案】A

【解析】水泥初凝时间会影响混凝土施工工序的正常进行;而终凝时间会影响混凝土结构的形成、模具的周转以及影响养护周期时间的长短等。所以答案为 A。

18.【答案】C

【解析】水泥胶砂抗压强度以一组三个试件得到的六个抗压强度算术平均值为试验结果,如六个测定值中还有一个超出平均值 ±10%,舍去该结果,而以剩下五个的平均值为结果。如五个测定值中还有一个超过五个结果的平均值 ±10%,则该次试验结果作废。所以答案为 C。

19.【答案】A

【解析】沥青标号根据沥青的针入度的大小划定范围。所以答案为 A。

20.【答案】B

【解析】沥青软化点试验中,当试样软化点小于80℃时,重复性试验的允许差为1℃,复现性试验的允许差为4℃。当试样软化点等于或大于80℃时,重复性试验的允许差为2℃,复现性试验的允许差为8℃。所以答案为B。

21.【答案】D

【解析】根据经验,击实成型操作中,称取拌和好的沥青混合料一个试件所需的用量:标准马歇尔试件约1200g,大型马歇尔试件约4050g。所以答案为D。

22.【答案】C

【解析】计算试件的毛体积相对密度和毛体积密度时,计算结果取3位小数。所以答案为C。

23.【答案】B

【解析】保持恒温室温度60℃ ±1℃(试件内部温度60℃ ±0.5℃)。所以答案为B。

24.【答案】D

【解析】$OAC_1=(a_1+a_2+a_3+a_4)/4$,其中,$a_1$、$a_2$、$a_3$、$a_4$分别表示密度最大值、稳定度最大值、目标空隙率(或中值)和沥青饱和度。所以答案为D。

25.【答案】D

【解析】沥青面层及水泥混凝土路面板的厚度应采用钻孔法测定。所以答案为D。

26.【答案】D

【解析】D选项应为:将试件晾干或用电扇吹干不少于24h,直至恒温。

27.【答案】C

【解析】自动弯沉仪适用于各类Lacroix型自动弯沉仪在新建、改建路面工程的质量验收中,无严重坑槽、车辙等病害的正常通车条件下连续采集沥青路面弯沉数据。所以答案为C。

28.【答案】C

【解析】贝克曼梁测定路基路面回弹弯沉试验,在测试路段布置测点后,应将试验车后轮轮迹对准测点后3~5cm处的位置上。所以答案为C。

29.【答案】B

【解析】当路面温度为t(℃)时,测得的摆值BPN_t必须按式$BPN_{20}=BPN_t+\Delta BPN$换算成标准温度20℃的摆值$BPN_{20}$。所以答案为B。

30.【答案】A

【解析】单个芯样渗透深度计算方法为去掉3个最小值,计算其他5点渗透深度的算术平均值。所以答案为A。

二、判断题

1.【答案】正确

2.【答案】正确

【解析】喷锚防护的关键实测项目包括混凝土强度和砂浆强度。所以答案为对。

3.【答案】正确

4.【答案】不正确

【解析】混合料加水拌和至碾压终了的时间应短于水泥的终凝时间。所以答案为错。

5.【答案】正确

6.【答案】不正确

【解析】沉降分析法适用于粒径小于0.075mm的土颗粒组成。所以答案为错。

7.【答案】正确

8.【答案】正确

9.【答案】正确

10.【答案】正确

11.【答案】正确

12.【答案】不正确

【解析】对水泥混凝土用细集料可采用干筛法,如果需要也可采用水洗法筛分;对沥青混合料及基层用细集料必须用水洗法筛分。所以答案为错。

13.【答案】不正确

【解析】水泥稳定类材料主要有水泥稳定级配碎石、级配砂砾、未筛分碎石、石屑、土、碎石土、砂砾土,以及经加工、性能稳定的钢渣和矿渣等。所以答案为错。

14.【答案】正确

15.【答案】不正确

【解析】水泥的细度越大,水化反应和凝结速度就越快,早期强度就越高,因此水泥颗粒达到较高的细度是确保水泥品质的基本要求。所以答案为错。

16.【答案】不正确

【解析】测定水泥初凝时间时,当试针沉至距底板4mm±1mm时,表征水泥达到初凝状态。所以答案为错。

17.【答案】正确

18.【答案】不正确

【解析】根据混凝土立方体抗压强度标准值来确定混凝土强度等级。所以答案为错。

19.【答案】正确

20.【答案】不正确

【解析】沥青与集料的黏附性好坏的常规评价方法是水煮法或水浸法。所以答案为错。

21.【答案】不正确

【解析】油石比是指沥青与矿料的质量比,而沥青含量是指沥青质量占混合料总质量的百分率。本题中油石比应为沥青含量。所以答案为错。

22.【答案】正确

【解析】采用马歇尔稳定度试验和浸水马歇尔稳定度试验,以进行沥青混合料的配合比设计或沥青路面施工质量检验。所以答案为对。

23.【答案】不正确

【解析】沥青混合料冻融劈裂试验用试件为圆柱形马歇尔试件,击实次数为双面各50次。而标准马歇尔试验试件的击实次数为双面各75次。所以答案为错。

24.【答案】正确

【解析】采用离心分离法测沥青含量时,若试样是路上用钻机法或切割法取得的,应用电风扇吹风使其完全干燥,置烘箱中适当加热后成松散状态取样,不得采用锤击,以防集料破碎。所以答案为对。

25.【答案】不正确

【解析】钻孔取芯样法厚度测试,用钢板尺或卡尺沿圆周对称的十字方向四处量取表面至上下层界面的高度,取其平均值,即为该层的厚度。所以答案为错。

26.【答案】不正确

【解析】贝克曼梁弯沉仪有3.6m和5.4m两种,当在半刚性基层沥青路面或水泥混凝土路面上使用贝克曼梁法测定弯沉时,应采用长度为5.4m贝克曼梁弯沉仪。所以答案为错。

27.【答案】不正确

【解析】使用渗水仪测定渗水系数的过程中,用密封材料对环状密封区域进行密封处理,注意不要使密封材料进入内圈,如果密封材料不小心进入内圈,必须用刮刀将其刮走。所以答案为错。

28.【答案】正确

29.【答案】不正确

【解析】热拌沥青混合料的施工温度测试中,将温度计仔细插入路面混合料压实层一半深度,轻轻压紧温度计旁被松动的混合料,当温度上升停止后,立即拔出并再次插入旁边的混合料层中测量,注视温度变化至不再继续上升为止,读记温度。所以答案为错。

30.【答案】正确

三、多项选择题

1.【答案】 ABC

【解析】 砂垫层实测项目包括反滤层设置、压实度、砂垫层厚度、砂垫层宽度。所以答案为 ABC。

2.【答案】 ACD

【解析】 砌体应边缘直顺,外露表面平整。不符合要求时减 1 ~ 3 分。所以答案为 ACD。

3.【答案】 BCD

【解析】 浆砌排水沟实测项目包括:砂浆强度、轴线偏位、沟底高程、墙面直顺度或坡度、断面尺寸、铺砌厚度以及基础垫层宽和厚。所以答案为 BCD。

4.【答案】 ABC

【解析】 从工程概念上讲,土是由土颗粒(固相)、气体(气相)和水(液相)三种物质组成的集合体。所以答案为 ABC。

5.【答案】 AC

【解析】 土颗粒组成特征应以土的级配指标的不均匀系数(C_u)和曲率系数(C_c)表示。所以答案为 AC。

6.【答案】 ABC

【解析】 土是三相体,土体受外力引起的压缩,包括三部分:①土粒固体部分的压缩;②土体内孔隙中水的压缩;③水和空气从孔隙中被挤出以及封闭气体被压缩。所以答案为 ABC。

7.【答案】 ABCD

【解析】 集料的具体类型包括:砾石、碎石、天然砂、人工砂、石屑、矿粉和填料。所以答案为 ABCD。

8.【答案】 CD

【解析】 A 选项应为:选用石料若过于潮湿则需加热烘干,烘箱温度不得超过 100℃,烘干时间不超过 4h。B 选项应为:将试样分 3 次(每次数量大体相同)均匀装入试模中。所以答案为 CD。

9.【答案】 CD

【解析】 公路路面基层、底基层按结合料类型可划分有机结合料稳定类和无机结合料稳定类。所以答案为 CD。

10.【答案】 AD

【解析】 A 选项应为:用代用法测定水泥标准稠度用水量时,如果调整水量法和固定

水量法的结果有冲突，以调整水量法的结果为准。D选项应为：用代用法中的固定水量法测定水泥标准稠度用水量时，当试锥下沉深度小于13mm时，应改用调整水量法测定。所以答案为AD。

11.【答案】AC

【解析】测定水泥安定性的主要方法有雷氏夹法和试饼法。所以答案为AC。

12.【答案】ABCD

【解析】能够影响到混凝土拌和物工作性的因素概括地分为内因和外因两大类。外因主要指施工环境条件，包括外界环境的气温、湿度、风力大小以及时间等。内因主要指构成混凝土组成材料的特点及其配合比例，其中包括原材料特性、单位用水量、水灰比和砂率等。所以答案为ABCD。

13.【答案】ABD

【解析】目前我国针对沥青性能评价的核心指标为针入度、软化点和延度。所以答案为ABD。

14.【答案】ABCD

【解析】沥青混合料的路用性能有高温稳定性、低温抗裂性、耐久性、抗滑性与施工和易性。所以答案为ABCD。

15.【答案】ABC

【解析】从恒温水槽中取出试件至测出最大荷载值的时间，不得超过30s。所以答案为ABC。

16.【答案】BC

【解析】沥青混合料目标配合比设计阶段的主要任务有混合料类型的确定，公称最大粒径的选择，矿料级配设计原则和矿料级配范围的选用，原材料的选择与搭配，各种组成材料配合比的计算，最佳沥青用量确定及配合比设计效果的性能试验检验等众多内容，其中最核心的就是确定各级矿料与沥青相互配合的最佳组成比例，即矿质混合料配合比设计和最佳沥青用量的确定。所以答案为BC。

17.【答案】BC

【解析】基层和砂石路面的厚度可用挖坑法确定，沥青面层和水泥混凝土路面板的厚度应用钻孔法确定。所以答案为BC。

18.【答案】ABCD

【解析】选项全部正确。

19.【答案】AC

【解析】刚性承载板的板厚为20mm，直径为30cm，直径两端设有立柱和可以调整高度的支座。所以答案为AC。

20.【答案】ACD

【解析】B 选项应改为:摆动中心至摆的重心距离为 410mm ±5mm。所以答案为 ACD。

四、综合题

1.【答案】(1)ABCD (2)A (3)AC (4)A (5)AD

【解析】(1)选项全部正确。

(2)石方路基采用振动压路机分层碾压,压至填筑层顶面石块稳定,20t 以上压路机振压两遍无明显高程差异。

(3)A 选项应为:蜂窝、麻面面积不得超过该面面积的 0.5%,深度超过 1cm 的必须处理。C 选项应为:泄水孔坡度向外,无堵塞现象。

(4)锚杆、锚定板和加筋土挡土墙墙背填土距面板 1m 范围以内压实度规定值为 90%。

(5)浆砌砌石工程的关键实测项目有砂浆强度和断面尺寸。

2.【答案】(1)ABCD (2)D (3)C (4)ABC (5)D

【解析】(1)选项全部正确。

(2)激光平整度仪的测试技术指标是国际平整度指数 IRI。

(3)第⑤应在第②之前,第②应在第⑥之前。

(4)无 D 选项说法。

(5)表面留有浮动余砂,试验结果偏大;若用的砂过粗,试验结果偏小。

3.【答案】(1)D (2)ABCD (3)AD (4)AC (5)ABCD

【解析】(1)第②应在①之前,第⑦应在第⑤之前。

(2)选项全部正确。

(3)B 选项应为:稳定中粒材料试件不超过 10g。C 选项应为:稳定粗粒材料试件不超过 20g。

(4)与平均值相差大于 3 倍均方差的试验结果为异常值,该组试件 7d 无侧限抗压强度试验结果平均值 $R_c = 3.4$MPa,均方差 $S = 0.8$MPa,因试件 3 和试件 4 的试验结果与平均值相差均小于 3 倍均方差,所以都不是异常值。

(5)选项全部正确。

4.【答案】(1)B (2)B (3)C (4)C (5)A

【解析】(1)该混凝土的初步配合比为 1:1.38:3.07,$W/C = 0.47$。

(2)该混凝土的基准配合比为 1:1.31:2.92,$W/C = 0.47$。

(3)该混凝土的试验室配合比为 416:196:546:1214。

(4)该混凝土的施工现场配合比为 416:156:568:1232。

(5)该混凝土强度下降 19.8%。

5.【答案】(1)ABC　(2)C　(3)BCD　(4)ABC　(5)A

【解析】(1)D选项应为:测定针入度大于200(0.1mm)的沥青,至少用3支标准针,每次试验后将针留在试样中。

(2)软化点在80℃以上的沥青软化点试验(环球法)中,在烧杯内注入预先加热至32℃的甘油。

(3)A选项应为:将隔离剂拌和均匀,涂于清洁干燥的试模底板和两个侧模的内侧表面。

(4)D选项应为:针入度指数越大,表示沥青的感温性越低。

(5)该沥青的针入度指数为0.418。

模拟试题二

一、单项选择题

1.【答案】D

【解析】沥青面层的实测项目有:压实度、平整度、弯沉值、渗水系数、抗滑值、厚度、中线平面偏位、纵断高程、宽度、横坡,共10项。所以答案为D。

2.【答案】B

【解析】反压护道的压实度不低于90%。所以答案为B。

3.【答案】A

【解析】混凝土用粗集料的最大粒径不得超过结构截面最小尺寸的1/4,并且不得超过钢筋间最小净距的3/4。所以答案为A。

4.【答案】B

【解析】路基、路面压实度以1~3km长的路段为检验评定单元。所以答案为B。

5.【答案】D

【解析】毛细水是指水与土空隙管壁接触时,由于湿润和静电引力作用,在毛细管壁形成的水。所以答案为D。

6.【答案】B

【解析】液性指数的定义:$I_L=\dfrac{w-w_P}{w_L-w_P}$,当$I_L$为0时,含水率$w$等于$w_P$,土处于塑限。所以答案为B。

7.【答案】C

【解析】粗粒组和细粒组的区分界限为0.075mm。所以答案为C。

8.【答案】D

【解析】土样的抗剪强度连接线在纵轴上的截距即为土样的黏聚力。所以答案为D。

9.【答案】B

【解析】P_c 大于目前上覆压力的情况,P_c 大于 r_z 为超固结状态,OCR >1;P_c 就是目前上覆压力的情况,P_c 等于 r_z 为正常固结状态,OCR =1;P_c 小于目前上覆压力的情况,P_c 小于 r_z 为欠固结状态,OCR <1。所以答案为B。

10.【答案】A

【解析】若1min内剪切变形不超过0.01mm,则施加下一级水平荷载。所以答案为A。

11.【答案】B

【解析】在沥青混合料中,细集料是指粒径小于2.36mm的天然砂、人工砂(包括机制砂)及石屑;在水泥混凝土中,细集料是指粒径小于4.75mm的天然砂、人工砂。所以答案为B。

12.【答案】C

【解析】集料压碎值用于衡量石料在逐渐增加的荷载下抵抗压碎的能力,是衡量石料力学性质的指标。所以答案为C。

13.【答案】C

【解析】级配碎石或砾石用作底基层时,公称最大粒径应不大于37.5mm。所以答案为C。

14.【答案】A

【解析】石灰中有越多的氧化钙和氧化镁起作用,石灰稳定效果越好,因此主要测定有效氧化钙和氧化镁的含量。所以答案为A。

15.【答案】D

【解析】在水泥熟料中加入石膏是用来调节水泥的凝结速度,使水泥水化反应速度的快慢适应实际应用的需要。因此,石膏是水泥组成中必不可少的缓凝剂。所以答案为D。

16.【答案】B

【解析】代用维卡仪法测定水泥标准稠度用水量时,以试锥下沉深度为30mm ±1mm时的净浆为标准稠度净浆。所以答案为B。

17.【答案】C

【解析】水泥的安定性是一项表示水泥浆体硬化后是否发生不均匀性体积变化的指标。所以答案为C。

18.【答案】A

【解析】硅酸盐水泥初凝试件不小于45min,终凝时间不大于390min。所以答案为A。

19.【答案】D

【解析】比重瓶的水值应经常校正，一般每年至少进行1次。所以答案为D。

20.【答案】D

【解析】采用布氏黏度计测定沥青45℃以上温度范围内的表观黏度（以Pa·s计），并根据不同温度下的黏温曲线确定沥青混合料的拌和温度和压实温度。所以答案为D。

21.【答案】B

【解析】混合料的用量计算式如下：调整后混合料用量=（要求试件高度×原用混合料质量）/所得试件的高度=（63.5×1200）/66.0=1155（g）。所以答案为B。

22.【答案】D

【解析】标准马歇尔试件尺寸应符合直径101.6mm±0.2mm、高63.5mm±1.3mm的要求。所以答案为D。

23.【答案】A

【解析】试件的马歇尔模数=试件的稳定度/试件的流值=8.50/22.5=0.38（kN/mm）。所以答案为A。

24.【答案】A

【解析】a_1、a_2、a_3分别表示密度最大值、稳定度最大值、目标空隙率（或中值）。所以答案为A。

25.【答案】A

【解析】雷达发射的电磁波在道路面层传播过程中会逐渐衰减。所以答案为A。

26.【答案】D

【解析】牵引连续式平整度仪的速度应保持匀速，速度宜为5km/h，最大不能超过12km/h。所以答案为D。

27.【答案】D

【解析】贝克曼梁测定路基路面回弹弯沉试验结果计算时，温度修正后的沥青路面回弹弯沉公式为$l_{20}=l_t \times K$。所以答案为D。

28.【答案】B

【解析】左、右轮弯沉应分别考虑，不取左、右轮弯沉平均值，回弹弯沉值按式$l_t=(L_1-L_2)\times 2$计算。所以答案为B。

29.【答案】B

【解析】计算渗水系数时以水面从100mL下降到500mL所需时间为标准，若渗水时间过长，也可采用3min通过的水量计算。所以答案为B。

30.【答案】D

【解析】路面错台测试方法用以评价路面行车舒适性能（跳车情况），并作为计算维修工作量的依据。所以答案为D。

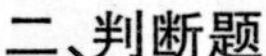

二、判断题

1.【答案】不正确

【解析】工程质量检验评分以分项工程为单元,采用百分制进行。所以答案为错。

2.【答案】不正确

【解析】实测项目得分值的确定有两种方法:合格率评分法和数理统计评分法。所以答案为错。

3.【答案】正确

【解析】浆砌排水沟的外观鉴定要求,沟底不得有杂物,不符合要求时,减1~2分。所以答案为对。

4.【答案】不正确

【解析】土方路基实测项目中的关键项目有压实度和弯沉。所以答案为错。

5.【答案】正确

6.【答案】正确

7.【答案】正确

8.【答案】正确

9.【答案】不正确

【解析】土的无侧限抗压强度试验每组试验应制备4个或5个试样,其密度差值不得大于$0.03g/cm^3$。所以答案为错。

10.【答案】正确

【解析】压缩系数a,表示单位压力增量作用下土的孔隙比的减小。因此,压缩系数a越大,土的体积减小越快,压缩性就越大。所以答案为对。

11.【答案】正确

【解析】毛体积密度是在规定条件下,单位毛体积(含物质颗粒固体及其闭口、开口孔隙体积)粗集料的质量。所以答案为对。

12.【答案】不正确

【解析】当集料中二氧化硅含量大于65%时,属于酸性集料。所以答案为错。

13.【答案】不正确

【解析】在抗冻性试验过程中,试件的平均质量损失率应不超过5%。所以答案为错。

14.【答案】不正确

【解析】石灰稳定土类混合料组成设计时,成型好的试件应在规定温度下保温养生6d,浸水24h后,再进行无侧限抗压强度试验。所以答案为错。

15.【答案】正确

【解析】采用代用维卡仪测定水泥标准稠度用水量时，整个操作应在搅拌结束后1.5min内完成。所以答案为对。

16.【答案】正确

17.【答案】不正确

【解析】在水泥浆数量固定的情况下，随着砂率的增大，集料的总表面积也随之增大，使水泥浆的数量相对减小；当砂率超过一定的限度后，就会削弱由水泥浆所产生的润滑作用，反而又会导致混凝土拌和物流动性的降低。所以答案为错。

18.【答案】不正确

【解析】无论混凝土的抗压强度还是抗折强度，试验结果均以3个试件的算术平均值作为测定值。如任一个测定值与中值的差超过中值的15%，取中值为测定结果；如两个测定值与中值的差都超过15%时，则该组试验结果作废。所以答案为错。

19.【答案】不正确

【解析】如果低温延度值较大，则在低温环境下沥青的开裂性相对较小。所以答案为错。

20.【答案】不正确

【解析】针入度是我国划分沥青标号的依据。所以答案为错。

21.【答案】不正确

【解析】稳定度的单位为"kN"，而残留稳定度是浸水马歇尔稳定度试验后的稳定度与原稳定度的比值，是百分比，无量纲。所以答案为错。

22.【答案】不正确

【解析】沥青混合料理论最大相对密度试验(真空法)适用于集料吸水率不大于3%的非改性沥青混合料。所以答案为错。

23.【答案】正确

24.【答案】不正确

【解析】确定最佳沥青用量时，以沥青用量或油石比为横坐标，以沥青混合料试件各项指标为纵坐标。所以答案为错。

25.【答案】正确

26.【答案】不正确

【解析】用贝克曼梁测定弯沉，当沥青面层厚度大于5cm，且路面温度超过(20±2)℃范围时，回弹弯沉值应进行温度修正。所以答案为错。

27.【答案】不正确

【解析】车辙是路面经汽车反复行驶产生流动变形、磨损、沉陷后，在车行道行车轨迹上产生的纵向带状辙槽，车辙深度用mm计。所以答案为错。

28.【答案】正确

29.【答案】正确

30.【答案】不正确

【解析】测定半刚性基层透层油渗透深度时,计算单个芯样渗透深度,要去掉3个最小值,计算其他5点渗透深度的算术平均值。所以答案为错。

三、多项选择题

1.【答案】ABD

【解析】水泥混凝土面层关键实测项目包括弯拉强度、板厚度和相邻板高差。所以答案为ABD。

2.【答案】ABCD

【解析】分项工程质量检验内容包括基本要求、实测项目、外观鉴定、质量保证资料四个部分。所以答案为ABCD。

3.【答案】ABD

【解析】路肩实测项目包括压实度、平整度、横坡和宽度。所以答案为ABD。

4.【答案】ABC

【解析】土的含水率试验方法包括烘干法、酒精燃烧和比重法。所以答案为ABC。

5.【答案】CD

【解析】最大干密度试验适用于采用表面振动压实仪法测定通过0.075mm标准筛的土颗粒质量百分数不大于15%的无黏性自由排水粗粒土和巨粒土(包括堆石料)的最大干密度。所以答案为CD。

6.【答案】AC

【解析】在击实的过程中,由于击实功系瞬时作用土体,土体内的气体部分排除,而所含的水量则基本不变。击实试验分为轻型击实和重型击实。所以答案为AC。

7.【答案】AD

【解析】矿质混合料有多种组成设计方法,目前一般习惯于采用图解法和试算法。所以答案为AD。

8.【答案】BCD

【解析】A选项应为:细度模数在3.0~2.3之间为中砂。所以答案为BCD。

9.【答案】AB

【解析】级配碎石组成设计主要是确定集料的级配及混合料的最佳含水率和最大干密度。所以答案为AB。

10.【答案】ABD

【解析】C 选项应为:终凝时间是指从水泥全部加入水中到水泥浆完全失去塑性所需的时间。所以答案为 ABD。

11.【答案】 CD

【解析】水泥的强度等级主要是以不同龄期的抗压强度和抗折强度进行划分的。所以答案为 CD。

12.【答案】 AB

【解析】当拌和物在敲击时突然折断或崩坍、石子散落出来,则表示混凝土的黏聚性较差。所以答案为 AB。

13.【答案】 ABCD

【解析】沥青薄膜加热试验,根据需要报告残留物的针入度及针入度比、软化点及软化点增值、黏度及黏度比、老化指数、延度等各项性质的变化,以评定沥青的老化性能。所以答案为 ABCD。

14.【答案】 ABC

【解析】浸水马歇尔试验和冻融劈裂试验可用来评价沥青混合料的水稳定性;沥青与矿料黏附性试验可间接评价沥青混合料的水稳定性。所以答案为 ABC。

15.【答案】 ABC

【解析】该组沥青混合料马歇尔稳定度平均值为 10.075kN,标准差为 2.685kN,k 倍标准差为 $2.685 \times 1.46 = 3.92$,则 $10.075 - 8.2 = 1.875 < 3.92$,$10.075 - 8.5 = 1.575 < 3.92$,$10.075 - 9.6 = 0.475 < 3.92$,$14.0 - 10.075 = 3.925 > 3.92$。故去掉 D 选项 14.0kN,取其他三个测定值的平均值作为试验结果。所以答案为 ABC。

16.【答案】 AB

【解析】对寒区道路、旅游区道路,最佳沥青用量可以在中限 OAC_2 与上限值 OAC_{max} 范围内决定,但一般不宜大于 OAC_2 的 0.3%。所以答案为 AB。

17.【答案】 AD

【解析】B 选项应为:用钢板尺或卡尺沿圆周对称的十字方向四处量取表面至上下层界面的高度,取其平均值,即为该层的厚度。C 选项应为:钻芯取样法测定路面厚度时,可用直径为 150mm 的钻头。所以答案为 AD。

18.【答案】 ABD

【解析】C 选项应为:当以内侧轮迹带或外侧轮迹带作为测试位置时,测定的位置距车道标线 80~100cm。所以答案为 ABD。

19.【答案】 BD

【解析】沥青路面的弯沉检测以沥青面层平均温度 20℃ 时为准,当路面平均温度在 20℃ ±2℃ 以内可不修正,在其他温度测试时,对沥青层厚度大于 5cm 的沥青路面,弯沉值应进行温度修正。所以答案为 BD。

20.【答案】ABC

【解析】对于具有较大不规则空隙或坑槽的沥青路面和具有防滑沟槽结构的水泥路面,不宜使用手工铺砂法测定路面构造深度。因为量砂在这些空隙或沟槽内会产生体积积聚的状况,与理论计算公式的要求不符,因而测量的结果也会有较大偏差。所以答案为 ABC。

四、综合题

1.【答案】(1)ABCD (2)ABCD (3)ABCD (4)A (5)B

【解析】(1)选项全部正确。

(2)选项全部正确。

(3)选项全部正确。

(4)土的烧失量试验中重复灼烧称量,至前后两次质量相差小于0.5mg,即为恒量。

(5)土的有机质含量试验方法适用于有机质含量不超过15%的土。

2.【答案】(1)ABCD (2)ABCD (3)D (4)B (5)ABCD

【解析】(1)选项全部正确。

(2)选项全部正确。

(3)该沥青混合料的最佳沥青用量 OAC_1 为 4.33。

(4)该沥青混合料的最佳沥青用量 OAC_2 为 4.80。

(5)选项全部正确。

3.【答案】(1)ACD (2)ABC (3)ABCD (4)B (5)ABCD

【解析】(1)无 B 选项说法。

(2)无 D 选项说法。

(3)选项全部正确。

(4)当分项工程加固、补强后,计算分部工程评分值时按其复评分值的90%计算,$80\times 90\% =72<75$,故不合格。

(5)选项全部正确。

4.【答案】(1)ABCD (2)ABD (3)BCD (4)A (5)C

【解析】(1)选项全部正确。

(2)C 选项应为:三个试件中如有一个断面位于加荷点外侧,则混凝土抗折强度按另外两个试件的试验结果计算;如果这两个测值的差值不大于这两个测值中较小值的15%,则这两个测值的平均值为测试结果,否则结果无效。

(3)A 选项应为:无论是抗压强度还是抗折强度,试验结果均以 3 个试件的算术平均值作为测定值,如任一个测定值与中值的差超过中值的15%,取中值为测定结果;如两个测定值与中值的差都超过15%,则该组试验结果作废。

(4)水泥混凝土抗折强度计算公式为 $FL/(bh^2)$。

(5)因(4.4 - 3.8)/3.8 = 15.8% > 15% 且(3.8 - 3.6)/3.8 = 5.3% < 15%,所以取中值3.8MPa为测定结果。

5.【答案】(1)ACD　(2)AC　(3)C　(4)D　(5)ABCD

【解析】(1)B选项应为灌砂时,试坑上不放基板,计算填满试坑所用砂的质量所需已知信息。

(2)B选项和D选项操作会使测定结果偏大。

(3)环刀法测定压实度试验方法适用于测定细粒土及龄期不宜超过2d无机结合料稳定细粒土的密度。

(4)第⑥应在第①之前,第⑧应在第②之前。

(5)选项全部正确。

模拟试题三

一、单项选择题

1.【答案】A

【解析】对工程外表状况应逐项进行全面检查,如发现外观缺陷,应进行减分。如发现较严重的外观缺陷,施工单位应该采取措施进行整修处理。所以答案为A。

2.【答案】C

【解析】水泥混凝土板厚度的检查频率为每200m每车道2处。所以答案为C。

3.【答案】C

【解析】直顺度是路缘石铺设的实测项目,其权值为3。所以答案为C。

4.【答案】B

【解析】扶壁式挡土墙顶面高程的检测方法和频率是水准仪,每20m检查1点。所以答案为B。

5.【答案】A

【解析】砾类土中细粒组质量为总质量5% ~15%(含15%)的土称含细粒土砾,记为GF。所以答案为A。

6.【答案】A

【解析】室内击实试验适用于细粒土。所以答案为A。

7.【答案】C

【解析】从工程意义上来说,土的液相即土中水,可分为结晶水、结合水和自由水。所以答案为C。

8.【答案】B

【解析】CBR又称加州承载比,是用于评定路基土和路面材料的强度指标。所以答案为B。

9.【答案】B

【解析】压缩系数计算公式为:$a=\frac{e_1-e_2}{p_2-p_1}$,其中,$e$为孔隙比,$p$为荷载。所以可以计算得到压缩系数为$0.780\text{MPa}^{-1}$。所以答案为B。

10.【答案】B

【解析】抗剪强度表达式为:$\tau_f=c+\sigma\tan\varphi$,其中,$c$为黏聚力,$\varphi$为土的内摩擦角,$\sigma$为剪切滑动面上的法向应力,则可计算得到抗剪强度为46.1kPa。所以答案为B。

11.【答案】D

【解析】粗集料坚固性试验中试样所浸入的硫酸钠溶液的体积不应小于试样的总体积的5倍。所以答案为D。

12.【答案】D

【解析】规准仪法适用于测定水泥混凝土使用的4.75mm以上的粗集料的针状及片状颗粒含量。所以答案为D。

13.【答案】A

【解析】碾压贫混凝土7d龄期无侧限抗压强度应不低于7MPa,且不宜高于10MPa。所以答案为A。

14.【答案】B

【解析】对于水泥稳定材料,工地实际采用的水泥剂量宜比室内试验确定的剂量多0.5%~1.0%。所以答案为B。

15.【答案】A

【解析】硅酸盐水泥矿物成分及含量分别为:硅酸三钙63%~67%;硅酸二钙21%~24%;铝酸三钙4%~7%;铁铝酸四钙2%~4%。所以答案为A。

16.【答案】C

【解析】水泥的初凝时间太短,不利于整个混凝土施工工序的正常进行;但终凝时间太长,又不利于混凝土结构的形成、模具的周转,以及影响养护周期时间的长短等。所以答案为C。

17.【答案】C

【解析】通过采用贯入阻力的测定方法,明确混凝土拌和物的凝结时间,绘制单位面积贯入阻力与测试时间的关系曲线,当贯入阻力为3.5MPa和28MPa时,对应确定混凝土的初凝时间和终凝时间。所以答案为C。

18.【答案】D

【解析】混凝土配合比设计时,按配制强度计算出水胶比后,还应根据混凝土所处环境条件对耐久性要求的允许水胶比进行校核。所以答案为D。

19.【答案】A

【解析】沥青密度与相对密度试验,对黏稠及液体沥青的密度,重复性试验的允许误差为0.003g/cm^3,再现性试验的允许误差为0.007g/cm^3。所以答案为A。

20.【答案】B

【解析】使用范围为三级及三级以下公路的各个层次的沥青等级为C级。所以答案为B。

21.【答案】D

【解析】已知沥青混合料的密度时,可根据试件的标准尺寸计算并乘以1.03得到要求的混合料数量。所以答案为D。

22.【答案】B

【解析】将恒温水槽调节至要求的试验温度,对黏稠石油沥青或烘箱养生过的乳化沥青混合料为60℃ ±1℃。所以答案为B。

23.【答案】D

【解析】沥青混合料冻融劈裂试验中,冷冻温度为 -18℃ ±2℃,保持16h ±1h。所以答案为D。

24.【解析】开动离心机,转速逐渐增至3000r/min,沥青溶液通过排出口注入回收瓶中,待流出停止后停机。所以答案为A。

25.【答案】C

【解析】对于挖坑法厚度测试在选定试验地点后,选一块约40cm×40cm的平坦表面,用毛刷将其清扫干净后,进行挖铲。所以答案为C。

26.【答案】C

【解析】对于沥青混合料面层,压实度是指现场实际达到的密度与标准密度之比。所以答案为C。

27.【答案】A

【解析】连续式平整仪测定后,可按每10cm间距采集的位移值自动计算得每100m计算区间的平整度标准差(mm),还可记录测试长度(m)。所以答案为A。

28.【答案】B

【解析】使用落锤弯沉仪测定弯沉时,在测试路段的路基或路面各层表面布置测点。

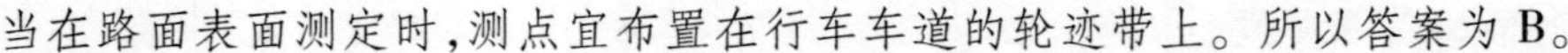

当在路面表面测定时,测点宜布置在行车车道的轮迹带上。所以答案为B。

29.【答案】C

【解析】沥青路面车辙测试方法中,绘制横断面曲线时,在图上确定车辙深度 D_1 和 D_2,以其中的最大值作为该断面的最大车辙深度。所以答案为C。

30.【答案】B

【解析】B选项应为:除高速公路外,可用于其他等级公路路基路面工程质量检查验收或路况评定,每200m测2处,每处连续测量10尺。所以答案为B。

二、判断题

1.【答案】正确

【解析】防裂工程土工合成材料的实测项目包括下承层平整度、拱度,搭接宽度和黏结力,权值分别为1、3、3。所以答案为对。

2.【答案】不正确

【解析】土沟实测项目的要求,沟的沟底高程采用水准仪的检测方法,每200m测4处。所以答案为错。

3.【答案】正确

4.【答案】正确

5.【答案】正确

6.【答案】不正确

【解析】试样中细粒组质量大于或等于总质量50%的土称为细粒土类。所以答案为错。

7.【答案】正确

【解析】测定密度的常用方法包括环刀法、蜡封法、灌砂法、灌水法。所以答案为对。

8.【答案】正确

【解析】影响压实的因素包括含水率、击实功、压实机具和土粒级配。所以答案为对。

9.【答案】不正确

【解析】承载板法适用于不同湿度和密度的细粒土。所以答案为错。

10.【答案】不正确

【解析】CBR试验根据3个平行试验结果计算得到的承载比变异系数大于12%时,则去掉一个偏离大的值,取其余2个结果的平均值。所以答案为错。

11.【答案】正确

【解析】细集料的粗细程度可用细度模数表征。理论上,细度模数与集料的对数平均粒径成正比,因此,它反映的是集料的平均颗粒大小,常用于细集料粗细程度的评定。细度模

数越大，表示砂的颗粒越粗。所以答案为对。

12.【答案】正确

【解析】应浸泡20h后放在110℃±5℃烘箱中烘烤4h完成一个试验循环。所以答案为对。

13.【答案】不正确

【解析】水泥的终凝时间应大于6h且小于10h。所以答案为错。

14.【答案】不正确

【解析】试模大小因材料而异：细粒土，试模的直径×高=50mm×50mm；中粒土，试模的直径×高=100mm×100mm；粗粒土，试模的直径×高=150mm×150mm。所以答案为错。

15.【答案】不正确

【解析】采用代用维卡仪法测定水泥标准稠度用水量时，如果固定用水量法和调整用水量法的结果有冲突，以调整用水量法的结果为准。所以答案为错。

16.【答案】不正确

【解析】水泥强度高低除了与水泥自身熟料矿物组成和细度有关外，还与水和水泥混合比例的多少、试件制作方法、养护条件以及龄期等因素密切相关。所以答案为错。

17.【答案】不正确

【解析】取出代表性的混凝土拌和物，用4.75mm的标准筛尽快过筛，筛去4.75mm以上的粗集料。经人工翻拌后，装入试模。所以答案为错。

18.【答案】正确

19.【答案】不正确

【解析】通过加热状态下测定道路石油沥青薄膜加热后的质量损失及针入度或延度、软化点等各项薄膜加热试验后残留物的相应试验，据此评价沥青的抗老化性能。所以答案为错。

20.【答案】不正确

【解析】蜡随着温度升高极易融化，使沥青的黏度降低，加大沥青的温度敏感性。所以答案为错。

21.【答案】正确

22.【答案】不正确

【解析】沥青混合料试件的空隙率计算公式为：$VV=(1-\gamma_b/\gamma_t)\times 100\%$，其中，$\gamma_b$为沥青混合料试件的毛体积相对密度；$\gamma_t$为沥青混合料试件的理论最大相对密度。而沥青混合料试件的毛体积相对密度与试验方法有关。所以答案为错。

23.【答案】正确

【解析】对于夏季气温高且持续时间长、重载交通多的路段，宜选用粗型密级配沥青

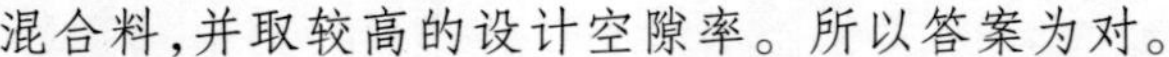

混合料,并取较高的设计空隙率。所以答案为对。

24.【答案】不正确

【解析】最佳沥青用量的初始值 OAC_1 是相应于密度最大值、稳定度最大值,相应于空隙率要求范围的中值或目标空隙率,相应于沥青饱和度范围的中值的沥青用量的平均值。所以答案为错。

25.【答案】正确

【解析】承载板法是利用逐级加载、卸载的方法测出每一级荷载下的土基回弹变形,当其回弹变形大于1mm时,即可停止加载,计算出土基回弹模量。所以答案为对。

26.【答案】正确

27.【答案】不正确

【解析】摆式仪测试摆值时在同一测点处平行测定3次,以3次测定结果的平均值作为该测点的代表值,精确至1。所以答案为错。

28.【答案】不正确

【解析】路面错台的测试以测定的错台读数 D 与各测点的距离绘成的纵断面图中,应标明相应断面的设计纵断面高程,最大错台的位置与高度 D_m,准确至0.001m。所以答案为错。

29.【答案】不正确

【解析】沥青喷洒法施工沥青用量测试试验报告应包括:①试验时洒布车的车速、挡位等数据。②施工路段(桩号)、洒布沥青用量的逐次测定值和平均值。所以答案为错。

30.【答案】不正确

【解析】承载板法适用于现场测定土基回弹变形值,并经过计算求得土基回弹模量。所以答案为错。

三、多项选择题

1.【答案】BCD

【解析】砂浆强度、顶面高程和断面尺寸均是浆砌砌体的实测项目。所以答案为BCD。

2.【答案】ACD

【解析】抗滑桩检测的关键实测项目包括桩长、混凝土强度、孔径或断面尺寸三项。所以答案为ACD。

3.【答案】AD

【解析】当压实度代表值大于压实度标准值,且单点压实度全部大于或等于规定值减2个百分点时,评定路段的压实度合格率为100%。所以答案为AD。

4.【答案】ACD

【解析】常用的粒度成分的表示方法有表格法、累计曲线法和三角形坐标法。所以答案为 ACD。

5.【答案】BD

【解析】击实试验的落锤质量为 2.5kg 和 4.5kg。所以答案为 BD。

6.【答案】ABC

【解析】搓滚时须以手掌均匀施压力于土条上,不得将土条在玻璃板上进行无压力的滚动;若土条搓成 3mm 时仍未产生裂缝及断裂,表示这时试样的含水率高于塑限,则将其重新捏成一团,重新搓滚;如土条直径大于 3mm 时即行断裂,表示试样含水率小于塑限,应弃去,重新取土加适量水调匀后再搓;若土条在任何含水率下始终搓不到 3mm 即开始断裂,则认为该土无塑性。所以答案为 ABC。

7.【答案】BCD

【解析】单位体积包括开口孔隙体积、闭口孔隙体积和材料的实体矿物成分。所以答案为 BCD。

8.【答案】AD

【解析】A 选项应为:高速公路及一级公路表面层的洛杉矶磨耗损失应不大于 28%;D 选项应为:其他等级公路的针片状颗粒含量应不大于 20%。所以答案为 AD。

9.【答案】BD

【解析】进行无侧限抗压强度试验时,试件采用 7d 标准养生,试件与上、下压块在加载过程中产生较大摩擦力,影响试验结果,应采取必要措施消除。所以答案为 BD。

10.【答案】BD

【解析】测定水泥标准稠度用水量的方法有标准法和代用法。所以答案为 BD。

11.【答案】BCD

【解析】水泥的化学指标、凝结时间、安定性和强度必须满足规范要求,凡不符合其中任何一条的均为不合格产品。所以答案为 BCD。

12.【答案】BCD

【解析】水泥混凝土配合比设计步骤包括:计算初步配合比、提出基准配合比、确定试验室配合比和换算施工配合比。所以答案为 BCD。

13.【答案】ACD

【解析】B 选项为:分级指标:针入度。所以答案为 ACD。

14.【答案】AC

【解析】油石比为 5.0%,则沥青用量为 1 - 1/(1 + 5.0%) = 4.76%,沥青质量为 1200 × 4.76% = 57(g),集料质量为 1200 - 57 = 1143(g)。所以答案为 AC。

15.【答案】ABCD

【解析】沥青路面所用沥青标号应根据气候条件和沥青混合料类型、道路等级、交通性质、路面性质、路面类型、施工方法及当地使用经验等因素,经技术论证后确定。所以答案为ABCD。

16.【答案】AC

【解析】我国规范采用浸水马歇尔试验和冻融劈裂试验来评价沥青混合料的水稳定性;评价水稳定性的指标有浸水残留稳定度和劈裂强度比。所以答案为AC。

17.【答案】CD

【解析】为保证标定时与实际试验时量砂的堆积密度相同,每次标定及试验需维持装砂质量与高度一样。所以答案为CD。

18.【答案】BC

【解析】连续式平整度仪自动采集位移数据时,测定间距为10cm,每100m输出一次结果。所以答案为BC。

19.【答案】AD

【解析】我国所用的BZZ-100的测试车,其后轴标准轴载为100kN±1kN,轮胎充气压力为0.50MPa±0.05MPa。所以答案为AD。

20.【答案】ACD

【解析】路面错台的测试以测定的错台读数D与各测点的距离绘成的纵断面图作为测定结果,图中应标明相应断面的设计纵断面高程,最大错台的位置与高度D_m,准确至0.001m。所以答案为ACD。

四、综合题

1.【答案】(1)ABCD (2)ABCD (3)D (4)AB (5)B

【解析】(1)选项全部正确。

(2)选项全部正确。

(3)水泥稳定粒料(碎石、砂砾或矿渣等)基层和底基层实测项目中,高速公路和一级公路基层压实度的代表值为98%。

(4)级配碎(砾)石基层和底基层的关键实测项目有压实度和厚度。

(5)横向力系数代表值为横向力系数算术平均值的下置信界限值。

2.【答案】(1)A (2)ABD (3)C (4)C (5)D

【解析】(1)第①应在第④之前,第③应在第④之后。

(2)C选项应为:不能用规准仪法替代游标卡尺法判定沥青混合料用粗集料的形状。

(3)⑥步骤应为:称取通过2.36mm筛孔的全部细料质量。⑦步骤应为:用2.36mm标准筛筛分经压碎的全部试样。

(4)第①应在第⑥之前,第⑥应在第②之前。

(5)粗集料坚固性试验中在网篮浸入溶液时应上下提降25次,以排除试样中的气泡,然后静置于该容器中。

3.【答案】(1)C (2)A (3)C (4)B (5)A

【解析】(1)单个试件的湿质量=试件体积×最大干密度×(1+最佳含水率)×压实度=$\pi R^2 h \times 1.68 \times (1+18\%) \times 96\% = \pi \times 2.5^2 \times 5 \times 1.68 \times (1+18\%) \times 96\% = 186.74$g(因是细粒土,所以试件的尺寸是直径×高=$\phi$50mm×50mm)。

(2)单个试件的干质量=单个试件的湿质量/(1+最佳含水率)=186.74/(1+18%)=158.25g。

(3)单个试件石灰的用量=单个试件的干质量×10%=158.25×10%=15.8g。

(4)单个试件粉煤灰的用量=单个试件的干质量×14%×(1+20%)=26.6g。

(5)单个试件土的用量=单个试件的干质量×76%×(1+10%)=132.3g。

单个试件水的用量=单个试件的干质量×18%−(158.25×14%×20%+158.25×76%×10%)=12.0g。

4.【答案】(1)ABCD (2)ABCD (3)ABCD (4)B (5)ABC

【解析】(1)选项全部正确。

(2)选项全部正确。

(3)选项全部正确。

(4)第②应在第⑥之前,第⑥应在第⑤之前。

(5)D选项应为:当湿土法试验结果比干土法试验结果高时,采用湿土法试验结果的平均值作为最大干密度值。

5.【答案】(1)D (2)ABCD (3)C (4)D (5)B

【解析】(1)第①应在第④之前,第③应在第⑦之前。

(2)选项全部正确。

(3)路面错台测试如无特殊需要,从构造物端部起的2~5m宜每隔0.5m量测一次。

(4)沥青路面车辙测试方法要求激光或超声波车辙仪测点不少于13点。

(5)半刚性基层透层油渗透深度测试在透层油基本渗透或喷洒48h后,在测试段内随机选取芯样位置,钻取芯样。

模拟试题四

一、单项选择题

1.【答案】B

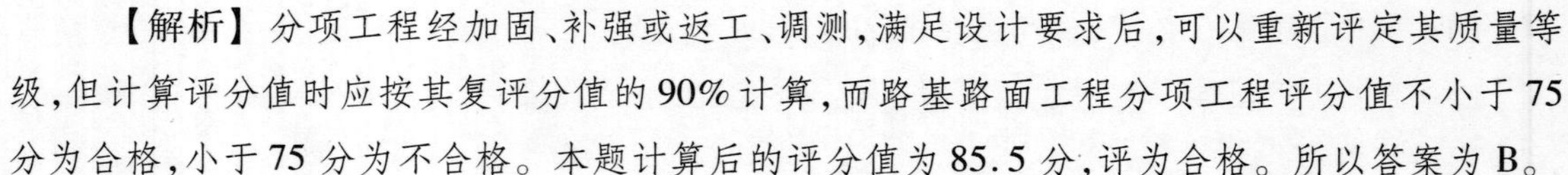

【解析】分项工程经加固、补强或返工、调测,满足设计要求后,可以重新评定其质量等级,但计算评分值时应按其复评分值的90%计算,而路基路面工程分项工程评分值不小于75分为合格,小于75分为不合格。本题计算后的评分值为85.5分,评为合格。所以答案为B。

2.【答案】B

【解析】管道基础混凝土侧面蜂窝不得超过该面积的1%,深度不超过10mm,不符合要求时,减1~3分。所以答案为B。

3.【答案】C

【解析】混凝土抗压强度或砂浆强度的权值为3。所以答案为C。

4.【答案】B

【解析】浆砌排水沟实测项目中,轴线偏位的规定值为50mm。所以答案为B。

5.【答案】C

【解析】液性指数的定义:$I_L=\frac{w-w_P}{w_L-w_P}$,则可计算得到液性指数为0.33。所以答案为C。

6.【答案】B

【解析】试样中巨粒组质量多于总质量15%的土称为巨粒土。所以答案为B。

7.【答案】C

【解析】重型击实法的落锤高度为45cm。所以答案为C。

8.【答案】B

【解析】振实过程中应分三层振实。所以答案为B。

9.【答案】B

【解析】根据烘箱安全操作要求,烘箱在使用过程中放置试物不宜太密,以利热空气流通;欲观察工作室内试品情况,可开启外门,或从玻璃门向内窥视,但外门不常开为宜,以免热量外泄;操作人员严禁离开加工区;加热器电阻丝之间不得有碰触,以防短路。所以答案为B。

10.【答案】C

【解析】对于最小干密度和最大干密度,均需进行两次平行测定,取其算术平均值,其平行误差值不得超过0.03g/cm^3。所以答案为C。

11.【答案】B

【解析】根据细度模数大小将砂分为四级。粗砂:细度模数在3.7~3.1之间;中砂:细度模数在3.0~2.3之间;细砂:细度模数在2.2~1.6之间;特细砂:细度模数在1.5~0.7之间。所以答案为B。

12.【答案】A

【解析】洛杉矶磨耗试验用于测定规定条件下粗集料抵抗摩擦、撞击的综合力学能

力。所以答案为 A。

13.【答案】A

【解析】无机结合料稳定材料振动压实试验方法适用于粗集料含量较大的稳定材料。所以答案为 A。

14.【答案】A

【解析】采用 EDTA 滴定法测定水泥和石灰综合稳定材料中结合料的剂量时,溶液颜色由玫瑰红色变为紫色时,放慢滴定速度,直至变为蓝色为止,确定 EDTA 二钠消耗量。所以答案为 A。

15.【答案】C

【解析】通用硅酸盐水泥按混合材料的品种和掺量,可分为硅酸盐水泥、普通硅酸盐水泥、矿渣硅酸盐水泥、火山灰质硅酸盐水泥、粉煤灰硅酸盐水泥和复合硅酸盐水泥。所以答案为 C。

16.【答案】A

【解析】水泥标准稠度是指标准试杆在沉入水泥净浆时,经受水泥浆阻力达到规定贯入深度所具有的水和水泥用量百分率。所以答案为 A。

17.【答案】B

【解析】水泥的凝结时间是指水泥浆从最初的可塑状态到逐渐失去可塑性所需要的时间,以标准试杆沉入标准稠度水泥净浆达到规定深度所需的时间来表示。所以答案为 B。

18.【答案】A

【解析】对于水泥胶砂,每锅胶砂材料组成为:水泥:标准砂:水 =450g:1350g:225mL。所以答案为 A。

19.【答案】B

【解析】我国规定针入度标准试验条件为:温度 25℃,针总质量 100g,贯入时间 5s。所以答案为 B。

20.【答案】B

【解析】OGFC 和 ATPB 混合料空隙率往往在 18% 以上。所以答案为 B。

21.【答案】A

【解析】表干法适用于测定吸水率不大于 2% 的各种沥青混合料试件;水中重法适用于测定吸水率小于 0.5% 的密实沥青混合料试件的表观相对密度或表观密度;蜡封法适用于测定吸水率大于 2% 的沥青混凝土或沥青碎石混合料试件的毛体积相对密度或毛体积密度;体积法仅适用于不能用表干法、蜡封法测定的空隙率较大的沥青碎石混合料及大空隙透水性开级配沥青混合料(OGFC)等。所以答案为 A。

22.【答案】A

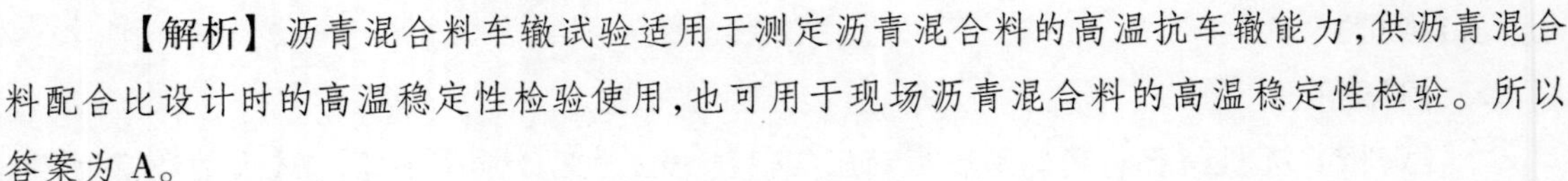

【解析】沥青混合料车辙试验适用于测定沥青混合料的高温抗车辙能力,供沥青混合料配合比设计时的高温稳定性检验使用,也可用于现场沥青混合料的高温稳定性检验。所以答案为A。

23.【答案】D

【解析】预热燃烧炉。将燃烧温度设定538℃±5℃。设定修正系数为0。所以答案为D。

24.【答案】D

【解析】第②应在第①之前,第④应在第③之前。所以答案为D。

25.【答案】B

【解析】钻孔采取芯样的直径不宜小于最大集料粒径的3倍。所以答案为B。

26.【答案】A

【解析】挖坑法厚度测试步骤为:①选择试验地点;②选择适当工具进行开挖;③清扫坑底,确认下一层顶面;④进行检查层厚度的测量。所以答案为A。

27.【答案】C

【解析】表面粗糙而采用不放基板的测试方法进行测试时,则压实度的检测结果有可能偏小。所以答案为C。

28.【答案】B

【解析】环刀法测定压实度试验中,必须进行两次平行测定,其平行差值不得大于$0.03g/cm^3$。所以答案为B。

29.【答案】D

【解析】土基回弹模量E_0的单位为MPa。所以答案为D。

30.【答案】D

【解析】摆式仪测定的是路面或路面材料试件在潮湿状态下的抗滑能力。所以答案为D。

二.判断题

1.【答案】不正确

【解析】沥青混凝土面层压实度检查项目的权值为3。所以答案为错。

2.【答案】正确

【解析】高速公路和一级公路需检查抗滑性能。所以答案为对。

3.【答案】不正确

【解析】压实度的单个测定值不得小于极值,否则判定该测点不合格并减分。所以答案为错。

4.【答案】不正确

【解析】槽底基础和后背填料必须夯打落实。所以答案为错。

5.【答案】不正确

【解析】比重法仅适用于砂类土。所以答案为错。

6.【答案】不正确

【解析】缩限试验适用于粒径小于0.5mm和有机质含量不超过5%的土。所以答案为错。

7.【答案】不正确

【解析】根据黏性土界限含水率的相关规定,几个含水率相同的土样,它们的液限、塑限不同,那么这些土样所处的状态可能不一样。所以答案为错。

8.【答案】不正确

【解析】在单位体积击实功相同的情况下,同类土用轻型和重型击实试验的结果相同。所以答案为错。

9.【答案】不正确

【解析】粗粒土的三轴压缩试验适用于测定最大粒径为60mm粗粒土的抗剪强度指标参数。所以答案为错。

10.【答案】正确

11.【答案】正确

【解析】对于不同应用目的,针片状颗粒判断方法有所不同。用于水泥混凝土时,针片状颗粒是指经由针状或片状规准仪判定得出的集料颗粒;而用于沥青混合料时,针片状颗粒是指用游标卡尺测定的粗集料颗粒的最大长度方向与最小厚度方向的尺寸之比大于或等于3的颗粒。所以答案为对。

12.【答案】正确

13.【答案】不正确

【解析】当粉煤灰中CaO含量为2%~6%时,称为硅铝粉煤灰;CaO含量为10%~40%时,称为高钙粉煤灰。所以答案为错。

14.【答案】正确

15.【答案】不正确

【解析】硅酸盐水泥中完全不掺混合料的称为Ⅰ型硅酸盐水泥,掺入量不超过5%称为Ⅱ型硅酸盐水泥。所以答案为错。

16.【答案】不正确

【解析】水泥凝结时间测定时,当达到凝结时间,要立即重复测定一次,只有当两次测定结果都表示达到初凝或终凝状态时,才可认定。所以答案为错。

17.【答案】不正确

【解析】水泥混凝土是由水泥、粗细集料和水按适当比例配合,在需要时加入适宜的外加剂、掺合料等配制而成,其中水泥起胶凝和填充作用,集料起骨架和密实作用。所以答案为错。

18.【答案】不正确

【解析】水泥混凝土强度试验中,试件移至标准养护室,养护条件温度20℃ ±2℃,相对湿度95%以上,直至到规定龄期。所以答案为错。

19.【答案】不正确

【解析】针入度试验的三项关键性条件分别为温度、测试时间和针的质量。所以答案为错。

20.【答案】正确

21.【答案】不正确

【解析】沥青密度与相对密度试验中,将盛有新煮沸并冷却的蒸馏水的烧杯浸入恒温水槽中一同保温,在烧杯中插入温度计,然后将密度瓶及瓶塞放入烧杯中,且烧杯中水的深度必须超过比重瓶顶部40mm以上。所以答案为错。

22.【答案】正确

23.【答案】不正确

【解析】沥青含量是指沥青占沥青混合料的百分数。所以答案为错。

24.【答案】正确

【解析】沥青混合料车辙试验用于测定沥青混合料的高温抗车辙能力,供沥青混合料配合比设计时的高温稳定性检验使用。所以答案为对。

25.【答案】正确

【解析】钻芯取样法测定路面厚度时,钻头的标准直径为100mm,也可用直径为150mm的钻头,钻孔深度必须达到层厚。所以答案为对。

26.【答案】正确

【解析】挖坑及钻芯法为破坏性检验,而短脉冲雷达法为无损检测。所以答案为对。

27.【答案】不正确

【解析】贝克曼梁属于静态测试,测定的是总弯沉。落锤式弯沉仪法属于动态弯沉测试法,其利用重锤自由落下的瞬间产生的冲击荷载测定弯沉。所以答案为错。

28.【答案】不正确

【解析】落锤式弯沉仪法是利用重锤自由落下的瞬间产生的冲击荷载测定弯沉,通过改变落锤的质量和落高就可对路表施加不同级位的荷载。所以答案为错。

29.【答案】正确

30.【答案】正确

【解析】压实温度要取3次以上测定值的平均值。所以答案为对。

三、多项选择题

1.【答案】BCD

【解析】水泥稳定碎石需检测压实度、平整度、纵断高程、宽度、厚度、横坡和强度。所以答案为BCD。

2.【答案】AB

【解析】级配碎(砾)石基层的关键实测项目包括压实度和厚度。所以答案为AB。

3.【答案】ABC

【解析】厚度代表值为厚度算术平均值的下置信界限值。所以答案为ABC。

4.【答案】ABCD

【解析】特殊土包括黄土、膨胀土、红黏土、盐渍土和冻土。所以答案为ABCD。

5.【答案】ABD

【解析】天然土层可区分为下列三种固结状态:超固结状态、正常固结状态和欠固结状态。所以答案为ABD。

6.【答案】ABD

【解析】需要时,可制备3种干密度试件。如每种干密度试件制3个,则共制9个试件。每层击数分别为30次、50次和98次,使试件的干密度从95%到等于100%的最大干密度。所以答案为ABD。

7.【答案】AC

【解析】粗集料磨耗试验的洛杉矶法是测定标准条件下粗集料抵抗摩擦、撞击的能力的试验,以磨耗损失(%)表示。所以答案为AC。

8.【答案】AB

【解析】C选项应为:环氧树脂中应按比例加入固化剂,再加入0.1~0.45mm的细砂拌和均匀,要求三者比例为:环氧树脂:固化剂:细砂=1g:0.25mL:3.8g。D选项应为:磨耗机转盘转动共磨500圈,先转100圈,再磨400圈,可分4个100圈重复4次磨完,也可连续1次磨完。所以答案为AB。

9.【答案】CD

【解析】无机结合料稳定材料取样的目的有两个,一是样品应该能代表一个大的总体的平均情况,二是样品只需代表材料总体一小部分,通过一系列样品研究材料性质变异性。所以答案为CD。

10.【答案】BCD

【解析】普通硅酸盐水泥优先用于严寒地区处在水位升降范围内的混凝土。所以答

案为 BCD。

11.【答案】ABC

【解析】D 选项应为:如果水泥的安定性不良,但其他指标均合格,则该水泥为不合格水泥。所以答案为 ABC。

12.【答案】ABCD

【解析】新拌混凝土的工作性又称和易性,是指混凝土具有流动性、可塑性、稳定性和易密性等几方面的一项综合性能。所以答案为 ABCD。

13.【答案】ABC

【解析】针入度试验的三项关键性条件分别是温度、测试时间和针的质量,如这三项试验条件控制不准,将严重影响试验结果的准确性。所以答案为 ABC。

14.【答案】BC

【解析】A、D 选项属于水浸法,B、C 选项属于水煮法。所以答案为 BC。

15.【答案】BCD

【解析】标准温度为 25℃ ±0.5℃;试件浸水时间为 3 ~5min。所以答案为 BCD。

16.【答案】BCD

【解析】随着沥青用量的增加,空隙率呈下降趋势,流值和饱和度呈上升趋势,无峰值。而稳定度随着沥青用量增加会呈先增大后下降的趋势,有峰值。所以答案为 BCD。

17.【答案】ABC

【解析】挖坑灌砂法属于压实度测定方法。所以答案为 ABC。

18.【答案】BCD

【解析】A 选项应为:向灌砂筒内装砂应距筒顶距离 15mm 左右位置,之后称取筒内砂的质量。所以答案为 BCD。

19.【答案】 AC

【解析】现场测定土基回弹模量的方法主要有承载板法和贝克曼梁法,其中最常用的是贝克曼梁法。所以答案为 AC。

20.【答案】CD

【解析】有关测试值修正的规定:①如在非不利季节测试应进行季节修正;②沥青面层厚度大于 5cm 且路面温度超过(20 ±2)℃范围时,应进行温度修正;③当采用 3.6m 的弯沉仪对半刚性基层沥青路面进行测定时,应进行支点修正。所以答案为 CD。

四、综合题

1.【答案】(1)C (2)B (3)ABCD (4)BCD (5)ACD

【解析】(1)路面钻芯取样方法钻孔采取芯样的直径不宜小于最大集料粒径的 3 倍。

(2)压实度代表值 $K=\overline{K}-\frac{t_{\alpha}}{\sqrt{n}}S=96.3\%-0.518\times2.2\%=95.2\%$。

(3)选项全部正确。

(4)A 选项应为:仔细平整土基表面,铺撒干燥洁净的细砂填平土基凹处,细砂不可覆盖全部土基表面,避免形成夹层。

(5)B 选项应为:弯沉仪可以是单侧测定,也可以是双侧同时测定。

2.【答案】(1)ABCD (2)B (3)ABCD (4)ABC (5)ABD

【解析】(1)选项全部正确。

(2)第⑥应在第③之前,第①应在第⑦之前。

(3)选项全部正确。

(4)D 选项应为:浸水马歇尔试验中试件在已达规定温度恒温水槽中的保温时间为48h。

(5)C 选项应为:如果在未到60min 试件变形已达到25mm 时,则以达到25mm 时的时间为 t_2。

3.【答案】(1)ABD (2)ABCD (3)D (4)D (5)A

【解析】(1)C 选项应为:砂的粗细程度改变,对沥青混合料的影响程度远不如对水泥混凝土影响程度大。

(2)选项全部正确。

(3)集料总质量 $=10+150+75+110+130+20+5=500g$,计算各筛分计筛余率:

$a_{4.75}=10/500\times100\%=2\%$;$a_{2.36}=150/500=30\%$;$a_{1.18}=75/500=15\%$;$a_{0.6}=110/500=22\%$;$a_{0.3}=130/500=26\%$;$a_{0.15}=20/500=4\%$,计算各筛累计筛余百分率:$A_{4.75}=2\%$;$A_{2.36}=32\%$;$A_{1.18}=47\%$;$A_{0.6}=69\%$;$A_{0.3}=95\%$;$A_{0.15}=99\%$。

(4)该砂的细度模数:

$\mu_f=[(A_{2.36}+A_{1.18}+A_{0.6}+A_{0.3}+A_{0.15})-5A_{4.75}]/(100-A_{4.75})=[(32+47+69+95+99)-5\times2]/(100-2)=3.4$。

(5)粗砂:细度模数在3.1~3.7之间。

4.【答案】(1)ABCD (2)ABCD (3)ABC (4)BCD (5)C

【解析】(1)选项全部正确。

(2)选项全部正确。

(3)因酒精燃烧法适用于砂土,故 D 选项说法有误。

(4)A 选项应为:在液塑限联合测定法试验中,若采用100g 锥做液限试验,则在 h-w 图上查得纵坐标入土深度 $h=20mm$ 所对应的横坐标的含水率 w,即为该土样的液限含水率 w_L。

(5)$w_C=(w_L-w)/I_P=(w_L-w)/(w_L-w_P)=(41\%-35.7\%)/(41\%-27\%)=0.38$。

5.【答案】(1)ABC (2)ABD (3)ABCD (4)ABCD (5)D

【解析】(1)水泥细度的试验方法包括负压筛法、水筛法和比表面积法。

(2)C选项应为:采用代用法时,如果固定用水量法的结果和调整用水量法的结果有冲突,以调整用水量法的结果为准。

(3)选项全部正确。

(4)选项全部正确。

(5)水泥胶砂强度检验方法(ISO法)要求每锅胶砂材料组成为:水泥:标准砂:水=450g:1350g:225mL。